韩明辉 著

爆笑 壹
中国历史课

（全三册）

贵州出版集团
贵州人民出版社

图书在版编目（CIP）数据

爆笑中国历史课：全三册 / 韩明辉著 . -- 贵阳：
贵州人民出版社，2025. 4. -- ISBN 978-7-221-18818-2

Ⅰ . K209

中国国家版本馆 CIP 数据核字第 2024E514M5 号

爆笑中国历史课（全三册）

BAOXIAO ZHONGGUO LISHIKE（QUAN SAN CE）

韩明辉 / 著

出 版 人	朱文迅
责任编辑	梁　丹
特约编辑	章淦钎
封面设计	王　鑫

出版发行	贵州出版集团　贵州人民出版社
地　　址	贵阳市观山湖区中天会展城会展东路 SOHO 公寓 A 座
印　　刷	三河市中晟雅豪印务有限公司
版　　次	2025 年 4 月第 1 版
印　　次	2025 年 4 月第 1 次印刷
开　　本	787 毫米 ×1092 毫米　1/16
印　　张	38
字　　数	300 千字
书　　号	ISBN 978-7-221-18818-2
定　　价	128.00 元（全三册）

目 录

第一章　夏朝：中国第一个世袭王朝

四五千年前，中国遍地都是大咖，一板砖下去，估计能砸倒一片。但口碑能排前三名的，非**尧**、**舜**、**禹**莫属。

当时，中国正处于部落联盟时期。尧是部落联盟首领，完全可以按照世袭制将位子传给儿子丹朱，但他却禅让给了跟他毫无血缘关系的舜。

这孩子从来没让我失望过！

　　舜是何方神圣呢？他是一个品学兼优的好学生，却生在一个不幸的家庭里。妈妈死得早，爸爸瞽（gǔ）叟是个盲人，又娶了一个蛇蝎女人，并生下一个儿子，叫象。自从有了象，舜就成了地里的小白菜，没人疼，没人爱。

肯定是你又欺负弟弟，你以为我瞎吗？

瞽叟

爸，你是真看不见啊！

　　禅让前，为了考察舜是否能够担当重任，尧将自己的两个女儿都嫁给了舜。

这样的好岳父百年不遇！

　　舜娶了两个女神，可谓是春风得意马蹄疾，一不留神就树敌。这个敌人不是旁人，正是他的弟弟。弟弟想霸占他的两个老婆和财产，便与爸爸合伙谋杀舜。

只要除掉哥哥，我就能迎娶白富美！

老爸愿助你一臂之力！

象

瞽叟和象对舜一连下了几次毒手都没有成功，那是因为舜早就看出他们没安好心，所以处处提防着他们。

尽管他们天天都想谋杀舜，但是舜依然孝敬爸爸，友爱兄弟。

爸爸亲，弟弟亲，打断骨头连着筋！

舜要人品有人品，要口碑有口碑，这不正是尧要找的接班人吗？所以，舜很轻松地通过了尧的考察。不久，尧便将位子禅让给了舜。

你上位，我放心！

尧在位期间经常发生洪灾，他曾派鲧（gǔn）去治水。可是，鲧花了九年时间都没有治理好，舜一气之下将其诛杀。

然而令人匪夷所思的是，舜在杀掉鲧之后却点名让鲧的儿子禹去治水。

禹非常不愿意接替爸爸的工作，因为干不好很可能会送命。但是他又推辞不掉，只好被迫接受。为了治水，他在外漂泊十三年，曾三过家门而不入。

后来，禹治理好了水患，成了全民英雄，被人们尊称为"大禹"。

舜对禹很满意，便将部落联盟首领的位子禅让给了禹。

不久，禹建立了中国历史上第一个世袭王朝——**夏朝**。

告诉你一个秘密，夏朝是中国历史上第一个世袭王朝！

禹去世时将位子禅让给了大臣伯益。伯益既没威望又没粉丝，所以很识相地将位子让给了禹的儿子夏启。

我就喜欢你这种有自知之明的人！

伯益　夏启

尧、舜、禹都将位子禅让给了贤人，按理说，夏启也该效仿他们吧？但是，他偏不这么干。临终前，他将王位传给了儿子，再让儿子传给孙子……从此，世袭制取代了禅让制，"**公天下**"也变成了"**家天下**"。

想让我禅让，除非你能在鱼香肉丝里吃到鱼！

禅让

世袭制下容易产生暴君，所以夏朝出现不少暴君，而最出名的当数臭名昭著的夏桀（jié）。

我是小霸王，逍遥又自在。我要建宫殿，就把百姓骗。钱财都充公，粮食全搬空。

大家最讨厌你这种人了！

夏桀

夏桀荒淫无度，搞得民不聊生。有一位叫商汤的人实在看不下去了，便率领大军去收拾他。

反贼，我劝你不要太嚣张！

我这是为民除害！

商汤

夏桀虽说文武双全，却不是商汤的对手，最终沦为阶下囚，并死在了流放地，延续了四百多年的夏朝也随之灭亡。

暴君不配拥有天下！

迷雾小剧场

　　为什么大家都夸尧、舜、禹是明君呢？这是因为他们都是德才兼备的人。正是因为尧、舜、禹大公无私地将位子禅让给了贤人，所以人人夸奖他们。

第二章　商朝：暴君是没有出路的

商汤费了九牛二虎之力才推翻夏朝，建立商朝，但他永远不会想到的是，他的子孙中竟然出现了一个跟夏桀齐名的暴君——商纣王。

暴君可能都拥有很多神技能。就拿商纣王来说吧，他力大无穷，不但能撂倒九头牛，还能徒手与猛兽搏斗。

无敌是多么寂寞！

无 敌

除此之外，商纣王的口才碾压很多口才培训班的老师。大臣想劝谏，他分分钟把大臣堵得哑口无言；大臣说他哪儿有问题，他分分钟能把自己的问题都变成别人的问题。

我要是参加辩论赛，绝对能秒杀所有辩手！

最佳辩手

商纣王曾建造了一个极其奢华的娱乐场所，用酒装满池子，把肉悬挂起来当树林，整天跟苏妲己在里面吃喝玩乐。

酒池肉林

苏妲己

此外，商纣王还一言不合就杀人。就因为叔叔比干劝他少干缺德事，他就把比干的心挖了出来。

没有心，人哪里还能活？不久，比干便去世了。

比干一死，把商纣王的另一个叔叔箕（jī）子吓坏了。

箕子担心被杀，便装疯卖傻，做了别人的奴隶。

尽管箕子的演技能够媲美国家一级演员，但商纣王依然不肯放过他，把他关进了监狱。

商纣王沉迷酒色，重刑厚敛，最终引起公愤。

不久，周武王姬发便发难了。

> 你摊上事了！你摊上大事了！

周武王

周武王为什么敢向商纣王发难呢？因为他有个文韬武略的参谋，名叫姜子牙。

> 我有谋主姜子牙，打遍天下都不怕！

姜子牙

姜子牙是个奇人。据说，他钓鱼的方式非常奇特。奇特到什么程度呢？他用直钩钓鱼，并且鱼钩离水面有三尺高。

> 就你这么钓鱼，三百年也钓不到一条鱼。

> 我不是来钓鱼的，而是来钓王侯的！

渔夫

姜太公钓鱼，愿者上钩

在姜子牙的谋划下，周武王率领诸侯在牧野群殴商纣王，史称"**牧野之战**"。

虽说商纣王兵多将广，但大多跟他不是一条心，一打起仗来纷纷倒戈。最后，商纣王惨败，灰溜溜地逃回鹿台自焚了，延续了五百多年的商朝从此灭亡。

迷雾小剧场

　　一提到暴君，很多人就会不自觉地想起夏桀和商纣王。一说哪个帝王残暴，就会说他是"桀纣之君"，难道历史上没有比夏桀、商纣王更残暴的帝王吗？事实上，历史上比他们残暴的帝王大有人在，但由于他们干坏事比较早，所以就成了暴君的代言人。

第三章 西周：玩笑不能开过头

周武王灭掉商朝并建立周朝之后，分封诸侯。除了封自己的兄弟，还封了尧、舜、禹、商纣王等人的后代，以及姜子牙等功臣。

没几年，周武王就去世了。临终前，他将年幼的儿子周成王托付给了四弟姬旦，也就是周公。周公担心诸侯闹事，就全权治理国家。

当初，周武王将商纣王的儿子武庚封在商朝旧地，为的是借武庚来安抚商朝遗民。但周武王又怕武庚造反，所以派三弟管叔、五弟蔡叔去盯着武庚。

我们就是来看看你，别紧张！

管叔　武庚　蔡叔

岂料周武王去世后不久，管叔、蔡叔却怀疑周公对周成王不利，便挟持武庚一起造反。

姬旦，我劝你不要鸡蛋碰石头！

你们白日做梦呢？

谁知叛军的武力值极低，被周公打得落花流水，结果武庚、管叔被杀，蔡叔惨遭流放。

开局让人喜眉笑眼，结局让人泪流满面！

此后，在很长一段时间里天下还算太平。然而，当王位传到周幽王的手里时却出了大乱子。

我希望后人对我的评价是：一个"普通家庭"出身、喜欢美女、爱开玩笑的人！

周幽王

周幽王之所以会犯浑，以致闹出大乱子，跟他最为宠爱的妃子褒姒有关。

我有一个超能力，就是超喜欢你！

好冷！

褒姒

这褒姒样样都好，却唯独不爱笑。为博她一笑，周幽王想尽了办法，但她依旧整天摆着一张冷脸。

来，笑一个！

哼，一点都不好笑！

无论周幽王怎么逗褒姒，褒姒就是不笑。于是，他决定导演一出笑料满满的喜剧，名叫"烽火戏诸侯"。

烽火台相当于今天的边防哨所。遇到敌情，烽火台白天放烟，晚上点火。诸侯们看到烟火，就知道周王遇到了麻烦，他们就会立刻率兵勤王。

搞笑，我是认真的！

周幽王点燃烽火台之后，诸侯们立刻率军从四面八方赶来。可是到了之后，他们却发现自己被耍了。

唉，被人当猴耍了！

诸侯

褒姒见诸侯们灰头土脸的样子，顿时笑得合不拢嘴。

妈呀，她笑了！
她竟然笑了！

为了让褒姒笑口常开，周幽王三天两头就点燃烽火台。诸侯们被他折腾得够呛，就再也不来了。

导演，我要
退出剧组！

我也要！

为了让褒姒能继续笑下去，周幽王废掉了申后和太子，让褒姒做王后，褒姒的儿子做太子。

特别的爱给
特别的你！

申后的爸爸申侯听说周幽王废掉了女儿和外孙，顿时火冒三丈。于是，他联合鄫（zēng）国、犬戎一起杀向镐（hào）京，要灭了周幽王和褒姒。

废嫡立庶，烽火戏诸侯，他是不是觉得自己很幽默？！

周幽王见申侯来势汹汹，再次点燃烽火台，召集诸侯前来救场。诸侯们误以为他还在忽悠大家，就没理睬他。

不久，周幽王被杀，褒姒沦为阶下囚。

不作死，你就不会死！

作死

随后，申侯的外孙继承了王位，史称"周平王"。

由于那时经常遭到犬戎骚扰，周平王将都城从镐京（今西安）迁到了洛邑（今洛阳）。至此，延续了二百七十五年的西周正式结束。

属于你的东西，抢也抢不走！

不属于你的东西，争也争不来！

周平王

迷雾小剧场

　　为什么周朝的前期叫"西周"，而后期叫"东周"呢？这是相对于前后期都城的地理位置而言的。前期的都城镐京在西边，所以称为"西周"；后期的都城洛邑在东边，所以称为"东周"。西汉与东汉、北宋与南宋也是同样的道理。值得一提的是，东周又分为春秋和战国两个时期。

第四章 春秋五霸（一）：齐桓公尊王攘夷

春秋时期，天下共主周天子变得越来越弱，诸侯变得越来越嚣张。当周天子镇不住各诸侯时，诸侯们就开始争相称霸。

整个春秋时期，一共有五位诸侯先后斩获"霸主"的荣誉称号，因此被称为"**春秋五霸**"。

"春秋五霸"是指哪五位霸主呢？至今说法不一。有人说是齐桓公、晋文公、楚庄王、吴王阖闾（hé lú）和越王勾践，也有人说是齐桓公、宋襄公、晋文公、秦穆公和楚庄王。这里我们只对第一种说法展开说说。

我们是"春秋五霸"！

第一个称霸列国的是齐国的齐桓公。

在齐相管仲的辅佐下，齐桓公即位后不久就称霸列国，成为春秋时期首位霸主。

我能成为霸主，全靠我背后的男人——管仲！

齐桓公

管仲

尽管如此，齐桓公认为自己还有进步的空间，于是又打起"**尊王攘夷**"的旗号，名正言顺地收拾那些不肯臣服于自己的诸侯。

尊王攘夷

什么是"尊王攘夷"呢？

尊王，就是让中原各国诸侯尊重周天子，别动不动就挑战周天子的权威，给自己找不痛快。

攘夷，就是抵御四方夷狄对中原的攻扰。

然而，齐桓公这边刚举起"尊王攘夷"的大旗，燕国那边就遭到了山戎的袭击。

齐桓公很生气，便率领大军去收拾山戎，直到将山戎收拾得服服帖帖才撤军。

燕庄公十分感动，齐桓公回国时，他恋恋不舍，将齐桓公送了又送，不知不觉就送到了齐国的领土上。

当时，诸侯之间相送不能超出自己的国界，否则就是失礼。

齐桓公察觉后，可不想在这件事上让人嚼舌根，便把燕庄公所到之地全部送给了燕国。

齐桓公收拾完山戎之后，又盯上了不可一世的楚国。

楚王向来不拿周天子当回事，所以齐桓公便派人去质问楚成王，为什么不给周天子进贡包茅？

小贴士

什么是包茅呢？其实就是一种十分常见的茅草，周天子祭祀时需要用它过滤酒。众所周知，诸侯对周天子都有进贡的义务，而楚国的义务就是进贡包茅。事实上，楚国遍地都是包茅，但后来楚国变强大了，楚王有些膨胀，便不再向周天子进贡包茅了。

你知不知道，就是因为你没有给天子进贡包茅才导致天子无法祭祀的？

楚成王

此时，各国都不再给周天子进贡，而齐桓公唯独谴责楚国，明摆着就是刁难。楚成王知道自己不是齐桓公的对手，只好服软，答应会继续给周天子进贡。

我服了！

服了就好！

当各国诸侯都表示臣服之后，齐桓公召集大家在葵丘相会结盟，史称"**葵丘会盟**"。当时，周天子也很给面子，派人参加了这场会盟，这表明周天子承认齐桓公的霸主地位。至此，齐桓公的霸业达到了顶峰。

这才是我人生的高光时刻！

齐桓公虽然一生辉煌，但是结局却十分悲惨。他死后，五个不争气的儿子抢着当国君，结果没有一个人给他收尸，以致尸体上的蛆虫爬到了门外。

教子有方儿争光，教子不当爹遭殃！

春秋名人堂

尊王攘夷

　　管仲是一位十分贤能的国相，如果没有他，齐桓公不可能称霸，而中原人恐怕也要被野蛮的夷狄统治。就连大圣人孔子也十分欣赏他，并称赞说："如果不是管仲，我们恐怕都要剪成夷狄的发型，改穿夷狄的服装。"

第五章　春秋五霸（二）：晋文公勤王败楚

出道前，晋文公重耳没少遭受家庭和社会的双重打击。

重耳的人生为什么会这么凄惨呢？这是由他爸晋献公和后妈骊姬造成的。

晋献公虽然后宫佳丽无数，却独宠骊姬一人。他要是一会儿见不到骊姬，就如同丢了魂儿一般。

晋献公一直想废掉太子申生，改立骊姬的儿子为太子，骊姬便设计害死了申生。骊姬听说重耳与弟弟夷吾对她十分不满，便向晋献公诋毁二人。晋献公是个糊涂虫，听风就是雨，便派人去杀二人，好在二人提前得到消息逃出了晋国。

晋献公去世后，骊姬的儿子顺利做了国君。

大臣们十分鄙视骊姬母子，便将新国君给杀死了，然后派人请重耳回国即位。但是重耳比较胆小，担心有诈，死活不肯回去。

朽木不可雕也！

大臣们见重耳不愿接手这泼天的富贵，只好请夷吾回国即位。

夷吾是个人精，为了确保自身安全，请来隔壁的秦穆公给他当保镖，并承诺将晋国的河西之地送给他。

就这么愉快地决定了！

秦穆公

河西之地

夷吾

在秦穆公的保护下，夷吾顺利回国即位，史称"晋惠公"。

即位后，晋惠公立刻换了一副嘴脸，不但杀害了立他为国君的功臣，还拒绝履行对秦穆公的承诺。

你个老赖！

更令人发指的是，晋惠公还趁秦国闹饥荒期间攻打秦国。不过，让人意外的是，他却被秦国活捉。

晋惠公的姐姐是秦穆公的老婆。要不是姐姐替他求情，秦穆公早把他五马分尸了。

晋惠公被放回国后，不但老老实实地兑现了割地的承诺，还将太子圉（yǔ）送到秦国做人质。

然而，就在晋惠公病重期间，太子圉担心兄弟们跟他争夺国君之位，就悄悄溜回了晋国。回国后，他顺利继位，史称"晋怀公"。

晋怀公擅自回国的行为激怒了秦穆公。秦穆公立刻派人将重耳接到秦国，并打算护送他回国做国君。

在秦穆公的运作下，重耳顺利回国即位，史称"晋文公"。

此刻，他已经在外做了十九年的流浪汉。

晋文公即位不久，周天子就出事了。说起来挺丢人的，他竟被弟弟赶出了都城。

> 丢人都丢到姥姥家了！

这时，有个人向晋文公献了一个妙计。

> 一笔写不出两个"姬"字，你跟周天子同姓，如果能把周天子护送回家，不就能号令天下了吗？

当霸主

没多久，晋文公跟开了挂似的，轻松斩杀了周天子的弟弟，把周天子顺顺当当地送回了家。

> 摆渡摆到岸边，送佛送到西天！

> 这才是大忠臣！

后来，晋国跟楚国打了一仗。晋国虽然退避三舍，但是仍旧大败楚国。

紧接着，晋文公将楚国俘虏全部进献给了周天子。周天子一高兴，便承认了他的霸主地位，晋文公从此走上人生巅峰。

春秋名人堂

晋文公在外流亡十九年，可谓是受尽了冷眼，吃尽了苦头。然而，苦难往往是一笔巨大的财富，它能教会人逆风前行，晋文公也因此成就了一番霸业，而他的成就也配得上他一生所吃的苦。

第六章　春秋五霸（三）：楚庄王问鼎中原

起初，楚庄王像极了昏君，在位三年，从不处理国政，每天只顾着吃喝玩乐。

楚庄王担心大臣们扫兴，便下令说："谁要是敢劝谏，就要他的小命！"

直接向楚庄王提意见，简直就是送人头。但不提意见，楚国又会败在他手里，这可咋整呢？

就在这时，有个叫伍举的聪明人想到了一个点子。

有一天，楚庄王举办了一场歌舞派对。正当他跟一帮歌手、舞蹈演员尽情地唱歌、跳舞时，伍举悄悄来到他身边，跟他打了一个哑谜。

我在土山上遇到一只鸟，三年不飞也不叫，你说它是不是有病？

俗话说，听话听音，锣鼓听声。楚庄王虽然贪玩，却不是傻瓜，又岂会听不出伍举是在劝谏他！于是，他对伍举说：

此鸟三年不飞，飞将冲天；三年不鸣，鸣将惊人！

楚庄王当时回答伍举时倒是豪气冲天，但过后就把自己的豪言壮志抛到了九霄云外。

没错！我就是气势上的巨人，行动上的矮子！

呜呜呜，国君的嘴，骗人的鬼！

伍举不劝谏还好，劝谏之后，楚庄王反倒更加放纵，一连几个月都沉迷于玩乐之中。

有个不怕死的大臣叫苏从，不想看到楚庄王天天摆烂，于是进宫劝谏楚庄王。

此后，楚庄王仿佛变了一个人，不再吃喝玩乐，并且没日没夜地工作。

此外，楚庄王还杀了数百个上班摸鱼的员工，然后给一批员工标兵升职加薪。

今天工作不努力，明天没命找工作！

在楚庄王的治理下，楚国迅速壮大。

楚国一壮大，楚庄王的野心就急剧膨胀了，甚至想过一把霸主瘾。

没做过霸主的人生不完美！

霸主

野心

有一天，楚庄王路过洛阳，非要问一问周天子的九鼎。

小贴士

九鼎是怎么来的呢？为什么各国君主总想得到它？原来，九鼎是大禹用九州的青铜铸造而成的，象征着天下。它本来是用于祭祀天帝和鬼神的，后来竟成了夏、商、周三代的传国宝器。据说，得九鼎者可得天下，所以诸侯都想得到它。

周天子的使者见楚庄王竟然打起了九鼎的主意，便劈头盖脸地将他数落一番。

楚庄王遭到奚落，跟吃了苍蝇似的，心不甘情不愿地走了。

他虽然没有得到九鼎，后来却灭掉庸国、萧国，降伏宋国，击败晋国，成为当之无愧的霸主。

俗话说，浪子回头金不换。楚庄王不但能及时回头，而且还成就了一番霸业，也不失为一代明君。倘若他当初没有回头，又怎能青史留名，谁又知道历史上会有他这个人呢？

第七章　春秋五霸（四）：吴王阖闾大败强楚

吴王阖闾虽说天生具有王者风范，但是在坐上王位之前，曾经有过一段非常憋屈的人生。

说出来都是泪！

阖闾

起初，阖闾的爸爸诸樊是吴王。如果按照父死子继的传统，他爸死后本来该由他继承王位，但他爸却将王位传给了他二叔。

王位就是要兄终弟及才稳定。

老爸，你不按常理出牌！

诸樊

阖闾的二叔死后将王位传给了三叔，三叔临终前本想将王位传给四叔，但四叔死活不干，三叔便将王位传给了自己的儿子僚。这下惹恼了阖闾。

既然你们不按套路出牌，那我也不客气了。

吴王僚

三叔

阖闾心想，我爸最先即位，四叔不干，怎么也该轮到我了吧？三叔凭什么把王位传给自己的儿子？于是，他便对三叔的儿子动了杀心。

此刻我想杀人！

为了夺取王位，阖闾悄悄买通了刺客专诸。他以宴请吴王僚为由，将匕首藏在鱼腹中，专诸借机从鱼腹中拿出匕首，一刀刺死了吴王僚。

让你尝尝鱼肠剑的厉害！

专诸

杀掉吴王僚后，阖闾成功上位。紧接着，他便开启了称霸模式。

万丈高楼平地起，辉煌还得靠自己！

称 霸

想称霸，首先要具备两个条件：一、国家不差钱，毕竟打仗很花钱；二、军队战斗力要强，不然怎么让其他诸侯屈服？

不差钱　战斗力

霸 主

为了让国家富强，阖闾进行了一系列的经济改革，吴国很快便成了经济强国。

为了提升军队的战斗力，阖闾特意聘请了两个神一样的助手，一个叫伍子胥，一个叫孙武。

伍子胥是何许人也？他本来是楚国人，他爸和大哥都是楚平王的粉丝，却被楚平王冤杀。他发誓一定要灭掉楚国替父兄报仇，所以才跳槽到吴国。

孙武，想必大家都不陌生，他不但被誉为"兵圣"，同时也是个畅销书作家，他的经典著作《孙子兵法》直到今天还畅销全球。

如果我能穿越到二十一世纪，指定能上"作家富豪榜"！

在伍子胥和孙武的调教下，吴军的战斗力暴涨。

给我们虾兵蟹将，还你精锐之师！

万事俱备之后，阖闾便开始与其他诸侯争夺霸主之位，而首当其冲的就是老牌霸主楚国。

由于阖闾太生猛，接连打了五场胜仗，直接攻破了楚国的都城。

你的能量超乎我的想象！

楚昭王

接下来，伍子胥还把死了多年的仇人楚平王从坟墓里刨了出来，狠狠地抽了三百鞭。

收拾完楚国之后，阖闾转过身又去收拾自己的万年仇敌——越国。

虽然阖闾与越王允常斗了一辈子，但是谁都没有占到便宜。不过，阖闾身体倍儿棒，而允常却因病去世。

允常死后，他的儿子勾践即位。勾践即位时才二十出头，阖闾以为他是个毛头小子，好欺负，便亲自率兵攻打越国。

为迎战吴军，勾践组建了一支敢死队，让他们排成三排，冲入吴军阵地，然后大呼数声，自刎而死。吴军哪见过这场面，都看傻眼了。

就在吴军还没有反应过来的时候，越军火力全开，杀得吴军溃不成军。阖闾不幸被砍伤脚趾，一命呜呼了。

迷雾小剧场

在古代，王位继承的方式主要有两种：一种是"父死子继"，也就是爸爸死了，传给儿子；另一种是"兄终弟及"，也就是哥哥死了，传给弟弟。"兄终弟及"这种继承方式不多见，并且大多出现在少数民族中。与"父死子继"相比，它有一个很大的问题，就是等兄弟们轮一遍之后，是该将王位传给最先继承王位的哥哥的儿子，还是传给最后一个继承王位的弟弟的儿子呢？无论传给谁，恐怕另一方都不会甘心。也正是这个问题才导致阖闾刺杀吴王僚。

第八章　春秋五霸（五）：越王勾践卧薪尝胆

"春秋五霸"中的最后一位霸主是越王勾践。

春秋大乱斗，由我来压轴！

众所周知，吴、越两国大战时吴王阖闾惨死在勾践手中。但很少有人知道，阖闾在临终前给儿子夫差留下一句差点要了勾践命的遗言。

夫差是个大孝子，一即位便天天练兵，准备替老爸报仇。

听说夫差一心想要报仇，勾践决定先发制人。不过悲催的是，他被打得落花流水，而且还被吴军围困在会（kuài）稽山上。

走投无路之际，勾践派大臣文种（zhǒng）去求和，夫差不答应。勾践准备杀掉妻儿，烧掉珍宝，跟吴国拼个鱼死网破，但文种却拦住了他。

没多久，文种成功收买了夫差的宠臣伯嚭（pǐ）。

夫差被伯嚭洗脑之后，把杀父之仇忘得一干二净。他当即便赦免了勾践，让勾践捡回了一条命。

回国后，勾践有床不睡，非要睡柴草，有甜点不吃，非要吃苦胆，只为报仇。这就是"**卧薪尝胆**"的故事。

为了增加人口，勾践颁布了一部违反婚姻自由的婚姻法。婚姻法中规定，小伙子不能娶上了年纪的女人，大叔不能娶年轻的姑娘。女子十七岁不出嫁，父母有罪；男子二十岁不娶妻，父母同样有罪。

为了鼓励国人多生孩子，勾践对那些生孩子的家庭还给予了不同的奖励。

生男孩，国家奖励两壶酒、一条狗！

生女孩，国家奖励两壶酒、一头猪！

生双胞胎，国家奖励粮食！

生三胞胎，国家配备一名奶妈！

奖励

在勾践卧薪尝胆的二十年间，越国的实力就像"芝麻开花——节节高"。反观吴国，却像"飞行员跳伞——一落千丈"。

为了报复吴国，勾践带兵将夫差打得落花流水，还将夫差围困在姑苏山上。这次，轮到夫差向勾践求和了。

万水千山总是情，放我一马行不行？

人心都是肉长的，勾践见夫差可怜，本来也想放他一马，但是大臣范蠡（lí）不同意。

可怜之人必有可恨之处！

范蠡

经范蠡一番劝说之后，勾践狠下心灭了吴国。

不过，为了还夫差当初放他一马的人情，勾践想给夫差一百户人家，让这一百户人家供养他。

给你一百户人家，你依然可以过得十分潇洒！

国家都没了，夫差哪还有脸活着啊！于是，他羞愧地自杀了。

天作孽犹可恕，自作孽没脸活！

勾践能逆风翻盘，全靠大臣范蠡和文种的辅佐。

不过，范蠡早就看出勾践是个过河拆桥的主儿，所以早早地离开了越国，做起了生意。他很有经商头脑，不久就成了家财万贯的富翁。

我穷得只剩下钱了！

巨富

至于文种，就没那么幸运了，后来被勾践赐死了。

你教寡人灭吴的七条计策，寡人只用了三条就打败了吴国，还剩下四条，你去到地下，教教我爸！

求求你，做个人吧！

春秋名人堂

卧薪尝胆让勾践逆风翻盘，也让勾践成为"励志楷模"，并且圈粉无数。为了纪念他，后人还为他建造了越王台。从古至今，他虽然一直代表着正能量，但也留下一些负能量，那就是诛杀功臣。如果不是留下这些污点，恐怕人人都会为他点赞。

第九章　战国七雄（上）：变法图强

战国初期，超级大国晋国被韩、赵、魏三家瓜分了，史称"三家分晋"。此外，齐国国君由姜子牙的子孙变成了田氏，史称"田氏代齐"。至此，"战国七雄"全部登场。

"战国七雄"都是狠角色，为吞并其他国家纷纷变法。

魏国是第一个实施变法的国家，而且成功成为超级强国。

东风吹，战鼓擂，我先变法我怕谁！

魏文侯

魏将吴起还组建了一支横扫天下的特种部队，名叫**魏武卒**。

魏武卒，专治不服！

魏武卒

吴起

　　后来，吴起遭人排挤，跳槽到了楚国。在楚悼王的支持下，吴起进行了一系列变法，史称"**吴起变法**"。

虽然变法使楚国变得十分强大，但吴起却因为损害了贵族们的利益而被射杀。

秦国见其他国家强大，便得了红眼病，满世界地发布招聘启事，招贤纳士。

法家代表商鞅看到招聘启事之后，立刻前往秦国应聘并受到重用。

在秦孝公的支持下，商鞅在秦国实施变法，史称"**商鞅变法**"。

很快，秦国就一跃成为强国。

赵国属于四战之国，周围全是敌人。为了变强大，赵武灵王不惜让国人改穿胡服，学习胡人骑马射箭，史称"**胡服骑射**"。

赵国虽然强大了一阵子，但是积攒的那点国力全被纸上谈兵的赵括败完了。

小贴士

赵括是一个狂妄自大的人，并且自认为天下无敌。结果在长平之战中，他被秦军射杀，手下的四十多万大军也惨遭坑杀。从此，赵国一蹶不振。

韩国地盘小，实力弱，虽然也曾因变法变得强大，但仅够自保，不足以开疆拓土。

燕国地处最北方，风水好，地盘小，很少受到骚扰。不过，有一次差点被邻居齐国灭掉。后来，燕国进行了一番改革，又差点灭掉齐国。

齐国一直都很强大，但自从差点被燕国灭掉之后就元气大伤，一蹶不振。

"战国七雄"的实力本来差距不大，谁也灭不了谁，直到秦国成为巨无霸，一切都发生了变化……

迷雾小剧场

　　说出来你可能不信，在战国初期最被各国瞧不起的是秦国。为什么呢？主要有两个原因：一、当时秦国很弱，好欺负；二、秦人的风俗比较落后。后来，秦国之所以能鹤立鸡群，关键在于商鞅变法。可以说，商鞅变法奠定了秦国一统天下的基础。

第十章　战国七雄（下）：秦并六国

秦国通过商鞅变法成为"战国第一强国"之后，便满世界地抢地盘，搞得六国惶恐不安。这时，有个叫苏秦的纵横家站了出来。

小贴士

苏秦曾拜在"纵横家鼻祖"鬼谷子的门下学习纵横之术。纵横之术就是利用外交手段陈述利害关系，游说各国君主的本领。

只要你们听我的，摆平秦国，小菜一碟！

苏秦

韩　赵　魏　楚　燕　齐

苏秦凭借三寸不烂之舌成功说服六国联合起来对抗秦国，而他本人也一跃成为六国国相。这次六国联合被称为"合纵"。

自从合纵成功之后，秦军十五年都不敢踏出函谷关半步。

合纵，是指联合众多弱国对抗强国。也有人认为，南北为纵，六国南北相连，故称六国联合抗秦为"合纵"。

就在秦国人躲在家里着急上火的时候，苏秦的同学张仪给秦国出了个瓦解六国合纵的主意——**连横**。

连横，是指联合他国进攻其他弱国。也有人认为，东西为横，秦国在西边，六国在东边，故称六国与秦国结盟为"连横"。

为了破坏合纵，张仪忽悠楚怀王说，只要楚国与齐国断交，秦王就送他六百里地。楚怀王很天真，信了他的鬼话。

等到楚国与齐国断交之后，楚怀王立刻派人到秦国要地，但张仪却避而不见。

楚怀王误以为是自己跟齐国断交不够彻底的缘故，所以又派人到齐国边境骂街，差点把齐王气吐血。

等齐、楚彻底闹掰后，楚怀王又去找张仪要地。

这时，楚怀王才发现自己上当了。最后，他没要到地，还失去了一个强大的盟友。

经张仪这么一折腾，六国变得如同一盘散沙。紧接着，纵横家里的后起之秀范睢（jū）闪亮登场。

此处应有掌声！

范雎

范雎向秦王提出一个逐步蚕食六国的好计策——**远交近攻**。

秦昭襄王

温水煮青蛙，保你赢到麻！

韩国比较弱，又离秦国最近，所以秦国最先灭了它。

秦 击杀 韩

是谁说的远亲不如近邻？

韩废王

赵国本来挺强大，但赵王昏庸，中了秦人的反间计，冤杀了良将，加速了赵国的灭亡。

魏国人特别怕水，秦国便引黄河水淹了魏国的都城，魏王被迫投降。

楚国向来强大，秦国动用了全部兵力才灭掉它。

为了自保，燕国曾派刺客荆轲刺杀秦王嬴政。结果，不但没有成功，

反而惹恼了秦王，而这加速了燕国的灭亡。

齐王整天被一群奸臣洗脑，坐视五国被灭。等秦国的军队打到家门口时，他又选择不战而降，以致齐国灭亡。

至此，秦国兼并六国，结束了诸侯混战的战国时代。

迷雾小剧场

　　合纵连横是纵横家演绎的一出大戏。他们多为策辩之士，可以说是中国最早的外交政治家，比较出名的有鬼谷子、苏秦、张仪、范雎、公孙衍等人。

第十一章 秦朝（上）：秦始皇称帝

封建时代，曾经出现很多优秀的皇帝，但敢说自己比三皇五帝还优秀的，恐怕只有秦始皇嬴政了。

嬴政凭什么这么狂呢？因为人家有资本。十三岁时，他就做了秦王。三十九岁时，他便灭掉了六国，建立了中国历史上第一个大一统王朝——**秦朝**。

很快，嬴政就开始膨胀了。他认为称王已经配不上自己的身份，便从"三皇"和"五帝"中各取一个字，自称"皇帝"。

后世的帝王之所以也都称"皇帝"，就是在模仿他。

嬴政是中国历史上第一位皇帝，他又自称"**始皇帝**"，所以大家都叫他"**秦始皇**"。紧接着，他还对未来即位的子孙进行"数字化管理"，让他们一律称二世、三世，直到万世。

称帝后，秦始皇干了三件让人称赞的事：

大家帮我点点赞，
终生不遗憾！

一、废除分封制，实行郡县制

什么是分封制呢？就是把天下分成很多块，然后分封给诸侯，诸侯死了再把地盘传给他们的子孙，就这样世世代代传下去。

诸侯要人有人，要武器有武器，一旦变强大，就会四处抢地盘。这也是战国时期那么混乱的原因。

分封制的缺点太多，
吃瓜群众支持废除！

什么是郡县制呢？就是把全国的土地划分为郡和县。这样土地就全归皇帝管了。皇帝直接派人管理郡县，这些官员不干了，皇帝就再换一批，这样大权就牢牢地掌握在皇帝手中了。

二、统一文字和货币

以前，各国的文字都不一样。

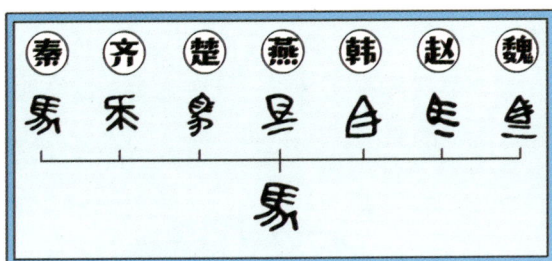

秦国学生要是到楚国留学，估计连楚国的教科书都看不懂。

各国使用的货币也都不一样。

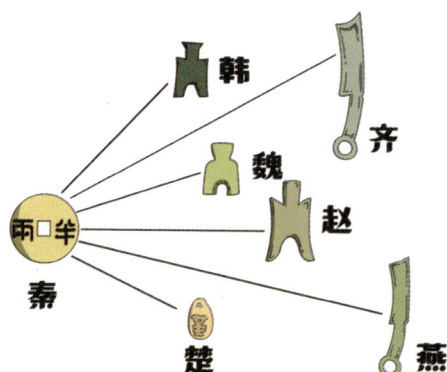

赵国人拿着赵国的钱去燕国买零食，小卖部老板未必会卖给他们。

自从统一了文字、货币等之后，文化交流更加畅通，经济发展更加繁荣，对老百姓好处多多。

三、北征匈奴，修建万里长城

当时，匈奴人跟强盗似的，时不时到中原劫掠一番。秦始皇可不是好欺负的，便派大军将他们打得落花流水。为了防止他们再来闹事，还修建了万里长城。

不过，秦始皇还干了两件足以将他钉在历史耻辱柱上的事：

一、焚书

秦始皇认为读书越多的人越爱闹事，为避免读书人闹事，就把国家图书馆以外的诸子百家的书全烧了。

二、坑儒

坑儒，顾名思义，就是坑杀儒生。所谓"儒生"，就是遵从儒家学说的读书人。事实上，这事有很大争议。秦始皇坑杀的很可能不是儒生，而是炼制长生不老药的方士。

说起来，"坑儒"是由方士吐槽引发的一场血案。

众所周知，秦始皇做梦都想长生不老，所以养了一批帮他寻找丹药及炼制丹药的方士。

然而，这帮方士不但没有找到长生不老药，还经常胡作非为，玩失踪。

就在秦始皇大为不满的时候，两个方士还在背地里将他数落一番，然后逃之夭夭。

秦始皇听说有人骂他，气得肝疼，立刻派人收拾这帮方士。最后，牵扯出来四百六十多人，全被活埋。

这就是违背我意愿的下场！

方士

尽管秦始皇为了长生不老煞费苦心，但是他终究未能如愿。
五十岁那年，他在巡游途中突然驾崩，结束了他辉煌的一生。

苍天啊，我还没活够呢！

大秦名人堂

秦始皇是一个备受争议的皇帝。他具有雄才大略，所以才能兼并六国，一统天下。但他又十分残暴，不仅扼杀民智，还用严刑峻法奴役百姓。与此同时，他还十分天真，一心想要长生不老，永远统治世界。所以，有人夸他，也有人骂他。尽管如此，他结束了诸侯混战的战国时期，奠定了两千多年来封建帝制的基础，仍不失为千古一帝。

第十二章　秦朝（中）：秦二世窃取皇位

在弥留之际，秦始皇突然想起来还有一件天大的事没有干，那就是确立皇位继承人。

秦始皇有二十多个儿子，让谁接班比较合适呢？

秦始皇挑来挑去，最终选择了整天跟自己唱对台戏的长子扶苏。

扶苏干吗总是跟老爸对着干呢？因为两人三观不合。

就拿"坑儒"这事来说，秦始皇执意要活埋了那帮人，而宽厚仁慈

的扶苏却坚决反对。就因为这事，父子俩吵了一架，秦始皇一气之下将扶苏赶出了都城咸阳。

临终前，秦始皇写了一封诏书，打算将扶苏召回咸阳继承皇位。然而，秦始皇一死，扶苏却收到一封命他自杀的假诏书。

扶苏是个单纯的人，压根没怀疑诏书有假。他拿起剑就要抹脖子，却被大将军蒙恬拦住了。

扶苏是个倔脾气，不听劝，仍旧选择了自杀。

扶苏一死，弟弟胡亥继承了皇位。

提到胡亥，大家可能不太熟悉，但提到秦二世，想必很多人都知道。没错，他就是中国历史上人人都唾弃的秦二世。

说到这儿，我们不禁要问，是哪个大坏蛋伪造诏书害死了扶苏呢？凶手有三个，分别是——

赵高为什么要害扶苏而拥立秦二世为帝呢？一方面是因为他与扶苏

不是一路人，另一方面是因为秦二世好控制。

秦二世虽然没有猪的形象，却有猪的脑子！

赵高

如果不是李斯帮忙，赵高、秦二世压根成不了事，那么李斯为什么要帮他们呢？因为李斯担心扶苏即位后会将他炒鱿鱼。为了永葆富贵，李斯一时糊涂，上了二人的贼船。

小贴士

李斯后来有没有保住丞相之位呢？不但没有，还被赵高诬陷谋反，最终被腰斩于咸阳。

富贵险中求！

也在险中丢！

丞相之位

李斯

尽管秦二世、赵高、李斯三人做得滴水不漏，但谁都瞧得出皇位本该是扶苏的。秦二世担心大家将他赶下皇位，便血洗咸阳。秦始皇的子女被他屠戮殆尽，被杀的文武百官更是不计其数。

小贴士

在秦始皇的子女中，死得最无奈的恐怕要数公子高了。他见兄弟姐妹被杀，本想逃跑，却担心会连累家人，于是上疏请求给他爸殉葬。秦二世看到奏疏后，比灰太狼抓住了喜羊羊还高兴。

脑袋上推少车——走投（头）无路了吧！

公子高

当皇位不再受到威胁的时候，秦二世就开始放飞自我，整天躲在皇宫里逍遥快活。

接着奏乐，接着舞！

迷雾小剧场

　　两千多年来，很多人都在追问一个问题：如果赵高不篡改秦始皇的诏书，让扶苏顺利即位，秦朝还会二世而亡吗？扶苏仁爱，口碑好，很受老百姓爱戴。如果他能够顺利即位，一定会废除严刑峻法，推行仁政，使人民安居乐业，秦朝倒不至于二世而亡。

第十三章　秦朝（下）：秦王子婴投降

就在秦二世躲在皇宫里逍遥快活的时候，奉命去渔阳（今北京市密云西南）的陈胜、吴广振臂一呼，带着九百多个农民要推翻秦朝。

只要舍得一身剐，
敢把皇帝拉下马！

陈胜

吴广

陈胜、吴广为什么要推翻秦朝呢？因为他们奉命去渔阳的途中遇到了大雨，没法按时到指定地点办理入职手续。秦法规定，不能按时到目的地就要砍头，于是把陈胜、吴广给逼反了。

兔子急了会咬人，狗急了会跳墙！

陈胜、吴广都是素人，就九百多个弟兄，又岂能干得过秦二世这种坐拥数百万军队的皇帝！

捏死你俩，就像捏死两只臭虫！

陈胜、吴广一合计，决定打着公子扶苏和楚将项燕的旗号起义。

旗号打得好，粉丝想要多少有多少！

扶苏后援会　项燕粉丝站

扶苏，大家都认识，但项燕是何许人也？他是楚国名将，曾在秦始皇兼并六国期间，因为吊打秦军而爆红，不过后来却兵败身亡。

此时，尽管扶苏和项燕早就死了，但他们的拥趸（dǔn）都还在，并且认为他们都还活着。

陈胜、吴广冒充扶苏和项燕之后，果然圈粉无数。很快，全国人民纷纷响应起义。

不久，被秦始皇灭掉的韩、赵、魏、楚、燕、齐六个诸侯国又趁机复活。

在反秦的队伍中，有两个人红得发紫，一个叫刘邦，另一个叫项羽。

刘邦曾经做过亭长，相当于现在的乡派出所所长。出道前，他跟个无赖似的，整天不务正业。不过，他为人仗义，所以大家都愿意跟他混。

咱行走江湖，靠的就是"义气"二字！

刘邦特别擅长自我炒作，自称是蛟龙所生。

我可不是一般人，我是一只小龙人！

项羽是楚将项燕的孙子，天生的将才，几乎打遍天下无敌手。

阁下骨骼清奇，一看就是那种力能扛鼎的人！

项羽有个好助手叫范增。范增是个很厉害的谋士，一出道就出主意将沦为放羊娃的楚国王室后裔熊心立为楚怀王，目的是借他的特殊身份圈粉。

大王出道即巅峰！

楚怀王　范增

当时，秦军十分强大。为了对付秦国，楚怀王与诸将约定，谁先攻克秦朝的老巢——关中，就让谁做关中王。

奔跑吧，兄弟！

项羽本来最有希望率先杀入关中，但关键时刻，楚怀王却派他去营救被秦军包围的赵王。

救人如救火，你先去赵国走一趟！

我的关中王怕是要泡汤了！

刘邦却走了狗屎运，直接被楚怀王派去攻打关中。更加幸运的是，他一溜烟儿就冲到了关中。

眼看咸阳要被起义军攻破，赵高担心秦二世降罪于他，便天天请病假。尽管如此，秦二世仍派人到他家责备他。

赵高担心被杀，一不做二不休，派人冲进皇宫，杀了秦二世。

国不可一日无君，让谁即位呢？赵高最终选中了子婴。

子婴的身世一直存在很大争议，有人说他是扶苏的儿子，也有人说他是秦始皇的弟弟，众说纷纭，这里就留给读者去思考了。

然而，赵高并没有让子婴做皇帝，而是让他做秦王。

赵高为什么让子婴做秦王呢？因为赵高认为，由于起义军占领了大片土地，导致秦朝领土急剧缩小，不适合再称帝，便强迫子婴称王。所以，大家都叫他"秦王子婴"。

你一个打工仔竟然敢给领导降职，不要命了？

你不觉得你只有领导之名却无领导之权吗？

子婴可不是好欺负的主儿，很快就设计杀死了赵高。

百因必有果，你的报应就是我！

此时，子婴已经没有力量可以抵挡起义军了，所以当刘邦杀到城下时，他不战而降，秦朝从此宣告灭亡。

迷雾小剧场

　　秦朝虽然只维持了短短十几年，却在中国历史上拿下了三个"第一"：它是中国历史上第一个大一统王朝，也是中国历史上第一个中央集权制国家，同时还是第一个国君称"皇帝"的王朝。如果不是秦朝使用严刑峻法奴役百姓，恐怕不会这么轻易灭亡。

第十四章　楚汉争霸（上）：西楚霸王分封天下

秦王子婴投降后，刘邦便大摇大摆地进入了咸阳。

一进咸阳，他干了一件让人拍手叫好的事：废除秦朝的严刑峻法，并与老百姓约法三章：杀人偿命，伤人坐牢，偷盗罚款。这让刘邦一下子赢得了民心。

老铁，我们被你圈粉了！

按照楚怀王当初与诸将的约定，先入关中者为王，刘邦率先入关，并且拿下了咸阳，应该是妥妥的"关中王"。

关中王，非我莫属！

就在刘邦坐等封王的时候，竟然被自己人出卖了。有人向项羽告密，说他打算擅自称王。

确认过眼神，你就是我要举报的人！

此前，北上救赵的项羽不但消灭了秦朝的主力军，还解救了赵王，一下子成了各路诸侯的首领。

火车跑得快，全靠车头带！

当项羽带着各路诸侯杀到关中时，却听说刘邦抢先一步入关。他又听说刘邦想在关中称王，气得火冒三丈。

如果不是我牵制着秦军主力，他刘邦能入关吗？

就在项羽准备收拾刘邦的时候，刘邦却听到了风声。

刘邦是一个特别擅长处理危机的公关高手，第二天一大早他就屁颠屁颠地跑到鸿门向项羽谢罪，并且死不承认自己想称王。

造谣，绝对是造谣！

刘邦不承认，项羽也拿他没办法，只好在鸿门设宴，请刘邦吃饭。这就是著名的"鸿门宴"。

来都来了，吃顿大餐再走！

鸿门宴

如果项羽能在鸿门宴上杀掉刘邦，岂不是不费一兵一卒就能除一大患？鸿门宴上，范增三番五次使眼色，提醒项羽杀死刘邦。

项羽是个狠人，杀人从不拖泥带水，谁能想到他对刘邦却下不去手。

范增见项羽不肯动手，便叫来项羽的堂弟项庄，让他以舞剑助兴为由，伺机杀死刘邦。而项羽的叔叔项伯发现了其中的端倪……

这时，项伯也跳出来跟着舞剑，并趁机保护刘邦，坏了范增的大事。

这实在太危险了！刘邦哪还有心情吃饭，便假装上洗手间，然后溜之大吉。

鸿门宴之后，刘邦将项羽请进了咸阳。项羽却放了一把火，把富丽堂皇的宫殿全烧了，大火整整烧了三个月都没有熄灭。

这时，有人建议项羽定都咸阳，便于日后一统天下，但项羽一心想着回老家炫富，就没有搭理他。

灭掉秦朝后，接下来该分封功臣了。

怎么分封呢？项羽向楚怀王征求意见，楚怀王坚持按约定办，但项羽却不同意。

随后，项羽决定亲自主持分封，并且一口气分封了十八个诸侯王。此外，还自立为王，并给自己取了一个十分霸气的称呼，叫"**西楚霸王**"。

刘邦本来该做关中王，但因为抢了项羽的风头，被项羽强行分封到偏僻的巴蜀、汉中，做了汉王。

这里安置不了我的肉身，容纳不下我的灵魂！

刘邦的拳头不如项羽的硬，也只好忍气吞声。不过，他却不认命，便暗暗积蓄力量，打算与项羽争夺天下。一场残酷的战争即将爆发……

这天下是我的！

不，是我的！

迷雾小剧场

在鸿门宴上，项羽杀刘邦就像捏死一只蚂蚁一样容易，但他为什么不下手呢？最主要的原因是项羽缺乏政治智慧，并且轻敌，他没意识到刘邦将来会成为他最大的敌人。

第十五章　楚汉争霸（下）：刘邦项羽争夺天下

项羽及其分封的十八个诸侯王中有两个最靓的仔，一个是项羽本人，另一个是汉王刘邦。

刘邦武力值一般，但脑力值却爆表。

项羽乃妥妥的战神，武力值爆表，但缺乏足够的政治智慧。

为了争夺天下，刘邦、项羽各显神通。其间，他们主要打了四个回合，咱们一个一个地看。

第一回合：刘邦暗度陈仓

原本该做关中王的刘邦被封为汉王后，跟患上了孤独症似的，关起门做起了宅男。

然而，谁都没有料到，刘邦是在憋大招。他趁项羽平齐、赵叛乱之际，从陈仓出兵，抢占了关中。

第二回合：刘邦端掉项羽老巢，反遭吊打

有一次，刘邦趁项羽在与齐军交战之际大摇大摆地带着五十六万大军端了项羽的老巢。

项羽听说老巢让刘邦给端了，差点气疯，于是带领三万精兵杀了回去。

楚军以一当十，汉军被打得溃不成军。刘邦险些被活捉，老婆和爸爸都成了项羽的俘虏。

活该！

此刻我的心拔凉拔凉的！

从此以后，项羽每天追着刘邦打，把刘邦打得到处乱窜。刘邦打不过，只好暂避楚军锋芒。

咱惹不起，躲得起！

稳住，我们能赢！

第三回合：中分天下

这个阶段属于战略相持阶段。刘邦打不过项羽，项羽也灭不了刘邦，两人只好整天玩猫捉老鼠的游戏。

有一次，项羽气得要把刘邦他爹拿去煲汤。

再不投降，就把你爹拿去煲汤！

咱们拜过把子，我爹就是你爹。如果你非要把你爹煲汤，别忘了给我盛一碗！

后来，刘邦决定示弱，项羽也稀里糊涂地答应与他中分天下：鸿沟以东归楚，鸿沟以西归汉。

中分天下

准了！

我们停战吧！

鸿沟

能得到半壁江山也不错！

第四回合：垓下之围

项羽刚答应与刘邦中分天下没几天，刘邦就反悔了，并且继续追杀项羽。

刘邦靠得住，母猪能上树！

悲催的是，刘邦仍然不是项羽的对手。怎么办？刘邦一拍大腿，唱歌吧！

楚国好声音

让项羽感受一下楚国好声音！

在垓下，汉军专挑伤感的楚歌唱，唱得楚军心神不宁，据说还唱得项羽的老婆虞姬挥剑自刎。这就是"**四面楚歌**"的故事。

别人唱歌要钱，汉军唱歌要命！

项羽误以为汉军已经占领楚国，顿时心灰意懒。

当天夜里，他带领数百名士兵杀出重围，想逃回江东，途中却迷了路，问路时对方还故意给他指错路，耽误了不少时间。

真是倒霉他妈给倒霉开门——倒霉到家了！

到达乌江时，乌江亭长将自己的船让给了项羽，并催他赶快渡江，返回江东。

乌江亭长

留得青山在，不怕没柴烧！

当初，项羽率领八千江东子弟渡江灭秦，如今却被打成了光杆司令，感觉实在没脸见江东父老，便自杀了。

彪悍的人生不能接受失败，我下辈子再来！

死要面子活受罪！

最终，刘邦成了大赢家，并建立了大汉王朝，史称"**西汉**"。

开心到起飞！

楚汉争霸

迷雾小剧场

　　刘邦草根出身，而项羽是名将之后，为什么刘邦能打败项羽呢？主要有三个原因：一、刘邦从谏如流，善用人才，而项羽刚愎自用；二、刘邦赏罚分明，所以大家更喜欢跟着刘邦；三、刘邦接受失败，失败了又从头再来，而项羽失败一次便选择自杀，从此再无翻盘的机会。

第十六章　西汉（上）：三大难题

尽管刘邦灭了强敌项羽，做了皇帝，但是依然寝食难安。这是怎么回事呢？原来，有三拨人一直让他不省心。

第一拨：异姓诸侯王

仅凭刘邦一人是不可能打败项羽的，还多亏了队友的助攻，这帮队友就是异姓诸侯王。

感恩的心，感谢有你们！

异姓诸侯王个个实力强大，随时能跟皇帝对抗。为了巩固大汉江山，刘邦打算除掉异姓诸侯王。

你得鱼忘筌，卸磨杀驴，过河拆桥，恩将仇报！

成语学得不错，不如我送你们去地下教教阎罗王！

除掉异姓诸侯王之后，刘邦仍不放心，又跟大臣们立了个盟约：今后，如果发现不是老刘家的人称王，人人都可以诛杀他。

这下可以把心放进肚子里了！

第二拨：匈奴

匈奴人一直不让人省心，动不动就到中原劫掠一番。虽然大汉没少跟他们打仗，却总是打不过人家。

西汉初年，百姓贫困，丞相出门只能坐牛车，皇帝竟找不到四匹相同颜色的马来拉车。在这种情况下，仗还怎么打？

如何才能摆平匈奴呢？刘邦想了一个办法：让大汉的女子嫁给匈奴单于。这一政策被叫作"和亲"。

匈奴单于娶到漂亮老婆，加上汉朝施行了一些有利于匈奴的政策，从此匈奴不再到中原闹事了。

第三拨：两个老婆

刘邦的老婆吕雉（zhì）和妾戚夫人都不简单。

戚夫人想让儿子取代吕雉儿子的太子之位，吕雉当然不答应，于是两人经常勾心斗角。

吕雉跟戚夫人明争暗斗，刘邦支持谁呢？支持戚夫人。

连皇帝都支持戚夫人，吕雉岂不是会输得很惨？

为了保住儿子的太子之位，吕雉请来了当时的文化界代表——"商山四皓"，也就是四个博古通今的大隐士。

虽然我们不在江湖，但是江湖却有我们的传说！

商山四皓

"商山四皓"能让吕雉扳回一局吗？当然能！因为"商山四皓"是刘邦的偶像。刘邦虽然追星多年，却无缘见他们一面。

为了见偶像们一面，我潜伏饭圈好多年！

商山四皓

有一次，刘邦请大臣们吃饭。席间，他猛然发现太子身后站着四位白发苍苍的老头，个个仙风道骨，一问才知道他们就是自己的偶像。

偶像好帅！我要让你们C位出道！

刘邦一直想见他们一面，但他们却不肯赏脸，没想到今天他们竟然自愿跑来为太子站台。刘邦的第一反应是：太子的翅膀硬了！

太子不是我想换就能换啊！

吕雉儿子

刘邦虽然贵为天子，但是也不敢犯众怒，所以从此不再提让戚夫人的儿子做太子的事了。

命里有时终须有，命里无时莫强求！

刘邦驾崩后，吕雉的儿子继承了皇位，史称"汉惠帝"。吕雉顺理成章地成了太后，史称"吕后"。

汉惠帝性格软弱，大权都掌握在吕后手中。可以说，她要风得风，要雨得雨。

多年的媳妇总算熬成婆！

多年的大道总算走成河！

西汉名人堂

　　刘邦本来是个平头百姓，手提三尺长剑，只用了三年时间便灭掉秦朝，又用了四年时间击败西楚霸王项羽，成就一番帝业，建立大汉王朝，堪称一代雄主。值得一提的是，正是因为他建立了大汉王朝，后来中国字才会被称为"汉字"，华夏族才会被称为"汉族"。

第十七章　西汉（中）：吕后临朝称制

刘邦活着时，戚夫人处处压吕后一头。刘邦一死，戚夫人就没有势力支持她了。

憋了一肚子怨气的吕后，先毒死了戚夫人的儿子，然后将戚夫人折磨致死。

吕后曾得意扬扬地带儿子参观戚夫人的惨状，结果把儿子吓得一病不起，没几年就死掉了。

汉惠帝死后，吕后又立了个小皇帝，并临朝称制。此刻，她跟女皇帝没什么区别。

别看吕后是女流之辈，但治国的才能却是杠杠的，一点都不输很多男皇帝。

谁说女子不如男？女子能顶半边天！

　　吕后究竟都干了哪些让人称赞的事呢？比如废除酷刑，减免田租，提倡节约，等等。在她的治理下，国内遍地是良民，监狱里几乎没有囚犯，百姓的日子过得相当滋润。

大家好才是真的好！

　　不过，吕后还干了一件让很多大臣都无法接受的事：封吕家人为王。
　　还记得刘邦曾经跟大臣们立过一个盟约吗？不是刘家人不能称王。吕后可不管这些，把吕家的男人一个个都封了王。

哈哈，一人得道，鸡犬升天！

然而，吕后一死，大臣们不但把吕家人杀得干干净净，还把吕后立的小皇帝给废了。

由谁来当这个皇帝呢？这时，有个人走了好运，他就是刘恒。

刘恒是刘邦的第四个儿子。他跟妈妈都不受宠，所以大家起初都不怎么待见他们。

那么，大臣们为什么偏偏选择让毫无存在感的刘恒继承皇位呢？其实，他们看中的正是刘恒他母亲娘家人没什么势力，不会像吕后那样，发生外戚专权的事情。就这样，刘恒当上了皇帝，为"汉文帝"。

就因为我娘家弱，我儿反而成了香饽饽！

你说让我找谁说理去？

汉文帝与儿子汉景帝都是黄老之学的铁杆粉丝，并且都提倡"**无为而治**"。

什么是"黄老之学"呢？其实就是黄帝学派和老子学派的合称。那么，什么又是"无为而治"呢？可不是什么都不做，而是朝廷不瞎指挥，放手让老百姓去生产、创业。

撸起袖子加油干！

干就完事了！

老百姓

在汉文帝和汉景帝的带领下，全国人民很快便脱贫致富，过上了小康生活。这一时期被称为"**文景之治**"。

不过，在汉景帝执政期间出了个小插曲。由于汉景帝急于削藩，也就是收回分封给诸侯王的封地，结果惹恼了七个诸侯王，引发了"**七国之乱**"。

不过，汉景帝只用了三个月时间就平定了"七国之乱"。

西汉名人堂

　　吕后在中国历史上拿到了三个"第一"：她是史书上记载的第一个皇后，也是第一个皇太后，同时还是秦始皇统一中国后第一个临朝称制的女性。尽管她因为残杀戚夫人母子没少被人诟病，但在她掌权期间国家安定，百姓不愁吃穿，还为"文景之治"打下了坚实的基础，也是值得称道的。

第十八章　西汉（下）：汉武帝的帝国

汉景帝去世后，他的儿子、文治武功都十分了得的汉武帝闪亮登场。

作为一代雄主，汉武帝一生干过不少惊天动地的大事。当然了，漂亮事他没少干，糊涂事他也没少干。那么，他究竟都干了哪些事呢？别急，咱们慢慢说。

吃瓜群众，你们好，我要自我爆料！

一、削藩

汉景帝虽然平定了"七国之乱"，却没有成功削藩。汉武帝一继位，便决定解决他爸到死都没能彻底解决的帝国难题。

儿子，大汉帝业靠你了！

汉景帝

强行削藩吧，会逼反诸侯王；不削藩吧，诸侯王又会威胁到中央政权。有没有什么办法既能削藩，又不会逼反诸侯王呢？

就在汉武帝犯愁的时候，大臣主父偃（yǎn）给他出了个点子，建议他实行"**推恩令**"。

这主意太绝了！

主父偃

推恩令是怎么操作的呢？以前，诸侯王去世，由嫡长子一人继承诸侯国的所有地盘。现在换一种做法，让诸侯王的其他儿子也都从诸侯国分一块地盘，建立侯国。

推恩令

不要抢！

人人有份！

说白了，推恩令就是让诸侯王的儿子们瓜分诸侯国，除了嫡长子不乐意，其他儿子倒是个个支持。

陛下，我们为你打call！

推恩令不但可以避免逼反诸侯王，还能达到削弱诸侯国的目的。

烧香顺便看和尚——
一举两得！

当一个个强大的诸侯国被分割成无数个侯国之后，你以为汉武帝就满意了？不，他仍不满意，于是继续找碴儿。

诸侯们上贡的黄金成色有问题，他们是不是看不起我？马上让他们全下课！

就因为诸侯上贡的黄金成色有问题，汉武帝曾经一次炒了一百零六个诸侯的鱿鱼。

这套路，我给一百分！

从此以后，再也没有诸侯国有能力威胁到皇帝的统治了，而皇帝也轻松地加强了中央集权。

大哥，请收下我们的膝盖！

诸侯　　诸侯

二、罢黜百家，独尊儒术

当时，诸子百家的学说很火。百家的主张各不相同，不利于统治。于是，汉武帝一声令下，罢黜了百家学说，独尊儒家学说，使儒家思想一跃成为封建帝王统治人民的正统思想。

儒家学说样样好，其他学派像根草！

三、征讨匈奴

汉武帝统治期间，大汉虽然仍在跟匈奴和亲，但是匈奴还动不动到大汉劫掠一番。

你的良心不会痛吗？

匈奴单于

汉武帝可不是软柿子，不但不再跟匈奴和亲，还派大军收拾匈奴，直接把匈奴人打得再也不敢来骚扰大汉了。

犯我强汉者，虽远必诛！

强汉

汉武帝打败匈奴，不但扩大了大汉的疆域，还为后来把西域纳入中国版图奠定了基础。

大汉的地盘很大，但没有一寸是多余的！

与此同时，汉武帝还派张骞出使西域，并开辟了"丝绸之路"。

需要代购商品的亲们，找我报名，过期不候！

张骞

丝绸之路

四、求仙问药

晚年，汉武帝跟秦始皇一样都想长生不老，便四处找神仙，炼仙药，影响工作不说，还白忙活一场。

五、巫蛊之祸

大臣江充跟太子不和，便诬陷太子用巫蛊之术诅咒汉武帝。汉武帝一时糊涂，信了他的鬼话，结果导致太子蒙冤自杀。

纵观汉武帝的一生，他虽然建立了不少丰功伟绩，但是由于四处征战，重用酷吏，滥用民力，搞得民不聊生。晚年，他进行了自我反省，

并向天下人写了一份触及灵魂的检查，叫《轮台诏》。

七十岁那年，汉武帝驾崩，他的小儿子继承了皇位，史称"汉昭帝"。汉昭帝与汉宣帝都十分优秀，创造了四夷宾服、万邦来朝的"**昭宣中兴**"。

汉宣帝之后，接下来的皇帝是一届不如一届。皇帝个个不争气，外戚势力却越来越大，结果西汉的江山被外戚王莽抢了。至此，延续了二百一十年的西汉灭亡，王莽旋即建立了新朝。

西汉名人堂

汉武帝雄才大略，英明神武，但他又穷奢极欲，穷兵黩武。不管怎么说，他晚年能进行自我批评，仍算得上是一位很不错的皇帝。

第十九章　东汉（上）：光武帝开国

称帝前，王莽的人设是全国道德模范。称帝后，人们猛然发现，他原来是个伪君子。

我确定我就是那一只披着羊皮的狼！

王莽本来能好好地享受帝王生活，但他却闲不住，非要折腾，在土地、法律、货币等方面进行了一番改革，史称"**王莽改制**"。

王莽改制致使国家乱成一锅粥，百姓苦不堪言。于是，大伙纷纷跳出来起义。

不久，有两支起义军迅速崛起。

一支叫绿（lù）林军。你听说过"绿林好汉"吗？其实，"绿林好汉"一开始说的就是绿林军。

另一支叫**赤眉军**。为什么叫赤眉军呢？因为他们喜欢把眉毛染成红色。

绿林军比较生猛，很快就打到王莽的老巢，并且杀死了王莽。

新朝跟秦朝一样仅仅延续了十几年就彻底灭亡了。

王莽死后，全国一下子冒出来三个皇帝，而且都是西汉皇室的后裔。

第一个是绿林军扶上位的更始帝。

绿林军为什么要扶更始帝上位呢？除了因为他姓刘，还因为他是个草包，即便做了皇帝，也摆脱不了绿林军的控制。

你被人利用了！

不要怕被人利用，就怕你没用！

更始帝

第二个是脱离绿林军并靠实力崛起的光武帝刘秀。

光武帝为什么要脱离绿林军呢？因为光武帝太优秀了，绿林军容不下他。他要是不离开绿林军，迟早会像他哥哥一样被绿林军害死。

小庙容不下大佛！

光武帝

第三个是赤眉军扶上位的建世帝。

建世帝本来是个放牛娃，因为姓刘，被赤眉军拉去当了皇帝。

我的手气比脚气还好！

建世帝

为了争夺江山，三大势力便开始互相征伐。

谁都没想到，赤眉军把起义军中势力最大的绿林军给灭了，更始帝率先出局。

你被淘汰了！

赤眉军都是一帮没文化的大老粗，哪里干得过高学历的光武帝，所以很快就被光武帝消灭掉了。

没文化，真可怕！

光武帝

由于光武帝是西汉皇室后裔，所以由他建立的王朝仍以"汉"为国号，史称**"东汉"**。

在光武帝的带领下，百姓很快过上了幸福安康的生活，这一时期被称为**"光武中兴"**。

今天也是努力营业的一天！

尽管光武帝一生为百姓操碎了心，但在临终前仍认为自己没干什么对百姓有益的事。这样的好皇帝在中国历史上恐怕打着灯笼都很难找到几个。

东汉名人堂

定鼎帝王

中兴之君

光武帝虽说是西汉皇室的后裔，但传到他那一代时已经沦为靠种地为生的破落户。尽管如此，他却能白手起家，夺取天下，并获得"定鼎帝王"与"中兴之君"两大头衔，实属不易。因此，有人夸他是最有学问、最会打仗、最会用人的皇帝。

第二十章 东汉（下）：外戚宦官斗法

东汉的皇帝，除了光武帝能称得上是明君，其他皇帝基本上都很平庸。

更悲催的是，除了光武帝，其他皇帝大多年幼，大权基本上被三拨人轮流承包了，分别是**太后**、**外戚**及**宦官**。

我们是幕后大boss，了解一下！

外戚

太后

宦官

最先跟皇帝争权的是太后和外戚。当皇帝沦为配角后，太后和外戚便正大光明地干预朝政。

太后、外戚干预朝政的结果就是，皇帝反倒成了任人摆布的傀儡。

做傀儡，要有傀儡的样子！

没有人甘心任人摆布，更何况是皇帝！但是，仅凭皇帝一人怎么可能斗得过太后和外戚呢？

我要摆脱你们！

不可能！

如何才能搞定太后和外戚呢？一人不行，那就找外援。找谁呢？身边的宦官。

宦官轻松帮助皇帝削弱了太后和外戚的权力。

削弱太后和外戚的权力后，宦官就成了主角。

太后和外戚哪里肯向宦官低头，所以动不动就跟宦官斗法。

大家整天斗得你死我活，谁赢谁当主角。

然而，就在太后、外戚及宦官把国家搞得乌烟瘴气的时候，有个人出来捣乱了。这个人就是张角。

创立太平道的张角传教十多年，整天神神道道地用符水、咒语给人治病，后来竟摇身一变成了拥有数十万拥趸的首领。

新晋网红

诈骗很可怕，谁信谁尴尬！

张角的信徒个个头裹黄巾，所以大家都叫他们"黄巾军"。而由张角发动的农民起义，也因此被称为"**黄巾起义**"。

我的黄头巾，时尚时尚最时尚！

黄巾军

张角自以为有一帮信徒撑腰就能轻松灭掉东汉，没想到很快就被剿灭了。

汉灵帝

造反无难事，只怕有新人！

张角虽然失败了，却动摇了东汉王朝的统治根基。

小贴士

张角给东汉王朝挖了什么坑呢？原来，朝廷为剿灭他，让各地官员招兵买马，各地官员有了人马之后，腰杆顿时变硬，纷纷成了割据一方的诸侯。

你就是个"坑王"！

东汉末年，宦官特别嚣张。有个叫袁绍的，便与大将军何进密谋，召各地官员带兵进京，逼迫太后杀宦官。

免费京城十日游，先到先拥有！

袁绍 何进

然而，还没等各路大军赶到京城，何进就被宦官杀了。

袁绍一看大将军被杀，便带兵杀进了皇宫，把宦官杀得片甲不留。

就在这时，有个叫董卓的突然带兵来到都城洛阳。他一进京便控制了朝廷。此时，东汉王朝基本上只剩最后一口气了。

迷雾小剧场

　　东汉王朝虽然延续了将近两百年，却少有雄才大略的皇帝，以至于太后称制，外戚干政，宦官专权。皇帝成了摆设，太后、外戚、宦官整天争权夺利，搞得国家鸡犬不宁，百姓怨声载道，这无疑加速了东汉王朝的灭亡。后来的黄巾起义更是给了东汉王朝致命一击，为诸侯争霸埋下了伏笔。

第二十一章 三国（一）：董卓乱政

董卓带兵冲进东汉王朝的都城洛阳之后，控制了皇帝和朝廷，从此权力达到巅峰。

紧接着，他废立皇帝，诛杀太后，滥杀大臣。

董卓虽然凶残，但是毕竟初来乍到，还是很想在洛阳发展人脉，借以巩固自己的地位。

其间，董卓曾向两个人抛出橄榄枝，一个叫袁绍，一个叫曹操。

跟一个大逆不道的乱臣贼子混能有什么前途？于是，袁绍、曹操果断溜出洛阳，然后与十余路诸侯结盟收拾董卓。

这下董卓慌了，连忙带着新立的皇帝——汉献帝，迁都长安。临走前，他不但把洛阳给烧了，还把王公大臣的墓给盗了一遍。

曹操见董卓竟然蠢到放弃洛阳，便号召各路诸侯一起截杀董卓。

截杀董卓，虽然回报高，但是风险更高。一旦成功，将会成为全国人民顶礼膜拜的大英雄，封侯拜相不在话下。但是，一旦失败，很可能把命都搭进去。各路诸侯比较谨慎，所以都不敢出手。

不怕神一样的对手，就怕猪一样的队友！

曹操艺高人胆大，一看别人都不愿意干，便决定自己干。

成功细中取，富贵险中求！

于是，曹操急吼吼地带兵去追击董卓，但让他没有想到的是，他被董卓打得满地找牙，还差点送了命。

你是不是对自己的实力有什么误解？

俗话说："多行不义必自毙。"董卓刚到长安没多久，大臣王允便策反了他的心腹吕布。吕布趁董卓不备，把他给杀了。

善恶终有报，天道好轮回。不信抬头看，苍天饶过谁！

小贴士

想必很多人都听说过吕布与号称"中国四大美女"之一的貂蝉的故事吧？事实上，这对情侣是明代作家罗贯中历史小说《三国演义》中的人物，就连貂蝉也是虚构出来的。

貂蝉

再把我写漂亮点！

罗贯中

董卓被杀，他的手下又喜欢窝里斗，于是让汉献帝侥幸逃出了他们的魔掌。

三国黑名单

董卓本来只是一介武夫，因为走了狗屎运才得以跑进洛阳，并控制了整个朝廷。随后，他废皇帝，杀太后，残害臣民，致使国家动荡不安。他的这种残暴行为，搞得人神共愤，结果惨死在自己人手里，可谓是咎由自取。

第二十二章 三国（二）：挟天子以令诸侯

刚逃出龙潭虎穴的汉献帝好不容易回到洛阳，却突然发现洛阳早已残破不堪，想吃口饭都难如登天。

就在汉献帝忍饥挨饿的时候，大将沮（jǔ）授建议袁绍将汉献帝请到自己的地盘，然后挟天子以令诸侯。

什么叫"挟天子以令诸侯"呢？其实，就是挟持天子，然后假借天子的名义号令四方诸侯。

动起来，为新的明天喝彩！

沮授

袁绍认为，把天子搞到自己的地盘等同于给自己找了个领导，还得时时给领导汇报工作，这不是没事找别扭吗？所以，他果断拒绝了沮授的建议。

你脖子上长个脑袋只是为了增高吗？

不久，曹操三言两语就把汉献帝忽悠到了许县。

一到许县，汉献帝便被曹操控制了，成了名副其实的"打工皇帝"。

躲过了风暴
又遭了雨！

曹操控制汉献帝之后，动不动就以天子的名义向诸侯发号施令。

要是哪个诸侯不听曹操的话，曹操就以天子的名义收拾他。所以，很多诸侯不得不向他低头。

听话才不会挨打。

汉献帝虽然落在了曹操手里，但是会心甘情愿地被曹操玩弄于股掌之中吗？当然不会！那么，他如何才能逃出曹操的魔掌呢？只有一个办法：除掉曹操。

不杀曹贼，
誓不为人！

汉献帝暗中派人拿着衣带诏，也就是藏在束衣服的带子里的诏书，四处找外援，设法除掉曹操。

干掉曹操，你们就是我的天使！

干不掉曹操，我们就得死！

刘备

董承

汉献帝到底还是年轻，还没来得及动手，他找的那帮外援几乎被曹操杀得一干二净。

我有主角光环，没人能干掉我！

"挟天子以令诸侯"让曹操迅速崛起。当曹操的实力眼看就要超越"诸侯一哥"袁绍时，袁绍再也无法淡定，决定发兵灭掉曹操。

你厕所里打地铺——离死（屎）不远了！

你肺活量挺大呀，这么能吹！

袁绍

曹操

在开打之前，袁绍找了个人替他写了一篇讨伐曹操的檄文，并在檄文中将曹操骂得狗血淋头。据说，曹操看后，头风病都好了。

然而，谁都没有想到，兵力数倍于曹操的袁绍反被曹操打败。
袁绍大受刺激，发誓要在官渡找回颜面。于是，**官渡之战**爆发。

曹操双拳难敌四手，十分焦虑。然而，天无绝人之路。就在曹操犯愁的时候，袁绍的军师许攸（yōu）却突然跑来见曹操。

随后，许攸给曹操出了个妙计：火烧袁军粮草，袁绍必败无疑。为了打败袁绍，曹操亲率五千骑兵把袁绍的粮草全烧了。

俗话说："人是铁饭是钢，一顿不吃饿得慌。"再加上打仗本来就是体力活，三军作战，不吃饭能行吗？

就在袁军吃不上饭的时候，曹操又带兵杀了过去，险些把袁绍杀成光杆司令。袁绍惨败，一时想不开，死掉了。

两眼一蹬，
与世无争！

袁绍一死，他那两个不争气的儿子为了抢班夺权自相残杀，结果被曹操一锅端了。

老子英雄儿好汉，
老子愚蠢儿笨蛋！

此时，曹操基本上已将整个北方收入囊中，如果再拿下南方，就能一统天下。

快，告诉我，我像不像
那个一统天下的人？

迷雾小剧场

挟持天子的好处其实并非仅限于号令诸侯，比如：可以借助天子的影响力招揽人才；跟天子站在同一阵营，可以被视作顺应民意；出兵攻打不服从自己的诸侯，也显得出师有名……曹操恰恰看到了其他诸侯没有看到的好处，所以才能在诸侯中脱颖而出。

第二十三章　三国（三）：刘、关、张出道

　　就在曹操想要拿下南方时，遇到三个硬茬儿，分别是**刘备、关羽**和**张飞**。作为三国时期不容小觑的三位英雄，他们都是什么来头呢？接下来咱们一个一个地说。

　　刘备，妥妥的"三国第一道德模范"，口碑好，人气高，很多人追随他。不过，他是一个没落的皇族后裔，出道前靠摆地摊为生。

十年打工一场空，
摆摊三年变富翁！

关羽，人称"关公"，讲义气，重感情，堪称三国史上最难挖走的模范员工。有很多诸侯想把他从刘备身边挖走，但都没能成功。

哥是你们永远都
得不到的人！

诸侯

张飞，人送绰号"万人敌"。不过，他是个暴脾气，一点就炸。

上个月惹我生气的人，现
在还躺在医院里抢救呢！

关于三人的故事，恐怕有很多都跟你以为的不一样。今天，咱们就来爆料几个关于他们的假新闻。

你以为你以为的，就是你以为的？

假新闻 1：桃园三结义

其实，刘、关、张从未结拜，更不存在"桃园结义"，这事是罗贯中在《三国演义》中虚构出来的。

假 桃园三结义

三人虽然没有结拜，但是比亲兄弟还亲。有多亲呢？毫不夸张地说，他们吃喝拉撒几乎都在一起。

大哥去哪儿，我们就去哪儿！

假新闻2：三英战吕布

在各路诸侯讨伐董卓期间，董卓曾派吕布迎战他们。吕布接连大败多位联军猛将，致使联军士气低迷。就在这危急关头，刘、关、张三人挺身而出，打败了不可一世的吕布，替联军挽回了败局，三人因此一战成名。事实上，这事也是罗贯中虚构出来的。

假新闻3：过五关，斩六将

三人曾经给曹操打过工。曹操特别器重他们，尤其是刘备和关羽。曹操究竟有多器重刘备和关羽呢？咱们先说刘备。

有一次，曹操请刘备过去喝酒。席间，曹操与刘备煮酒论英雄。

> 天下英雄只有我曹操与你刘备，袁绍连给咱们提鞋都不配！

至于关羽，曹操不但给他金银财宝，还送给他各种美女。尽管如此，曹操还总担心关羽会走。

万水千山总是情，不要跳槽行不行？

不行不行就不行！

后来，刘备和曹操闹掰，曹操早已看出刘备非池中之物，所以放着众多诸侯不打，偏偏追着刘备打。刘备被打得溃不成军，就连老婆孩子和关羽都被曹操俘虏了。

要不是刘备跑得快，我非要他的小命！

你是不是以为关羽落在曹操手里，下场会很凄惨？事实上，曹操不但没有为难关羽，反而还重用了他。

将军额上能跑马，宰相肚里能撑船！

关羽虽然身在曹营，但是心在刘备那里，报答完曹操的知遇之恩后，便带着刘备的老婆孩子去投奔刘备了。

> 大恩得报，走人！

你可能听说过，关羽在投奔刘备的途中连过曹军五个关卡，并斩杀曹操六员大将。这就是"过五关、斩六将"的故事。事实上，这同样是罗贯中虚构出来的。

过五关斩六将假

真相是，曹操听说关羽走后压根没让人拦他，所以他用不着过五关，斩六将。

> 要多读史书！千万别被假新闻骗了！

三国名人堂

　　刘备、关羽、张飞虽然没有拜过把子，却亲如同生共死的兄弟。刘备拥有雄才大略，再加上关羽、张飞拥有万夫不当之勇，因此三人组团出道，才能在战火不休的东汉末年崭露头角。但由于三人出道时没有自己的根据地，所以只能寄人篱下，到处给人打零工。不过，是金子总会发光，三人即将在三国的舞台上大放异彩。

第二十四章　三国（四）：赤壁之战

被曹操打得满世界窜逃的刘备，后来到了荆州，投靠刘表。

外面的世界很精彩，也很无奈！

其间，刘备听说南阳有个神人叫诸葛亮，便想请他出山帮助自己。但让刘备没有想到的是，却未能见到诸葛亮。

刘备一连去了三次才见到诸葛亮，这事被称为"三顾茅庐"。

一见面，诸葛亮便给刘备量身定制了一个匡扶汉室的计划：先抢占荆州，再夺取益州，与江东的大当家孙权交朋友，然后瞅准时机，匡扶汉室。

诸葛亮跟刘备谈得十分投机，便决定出山辅佐刘备。

刘备让诸葛亮做军师，还说有了诸葛亮，就像鱼有了水，搞得关羽、张飞十分嫉妒。

然而，计划赶不上变化。刘备还没有动手抢占荆州，曹操便率先拿下了荆州。

荆州待不下去了，刘备只好继续跑路。不过，他太有魅力了，荆州很多老百姓都愿意追随他。

带着大批老百姓跑路，队伍慢得跟乌龟似的，一旦被曹操追上就全完蛋了。所以，手下人都建议刘备先行一步，但刘备怕失去民心，没答应。

死要面子活受罪！

曹操很快就追到了长坂坡，追上了刘备。

长坂坡

说曹操，曹操到！

刘备一看打不过，连老婆、孩子都不要了，带着诸葛亮、张飞等人就跑。

跑了和尚，跑不了庙！

退到江夏后，刘备便向孙权求助。

孙权本来还在犹豫要不要跟刘备结盟，没想到曹操已经大军压境了。

我打算带八十万小弟去江东陪你打猎！

孙权

孙权很害怕，连忙答应跟刘备结盟。与此同时，孙权还让周瑜亲自挂帅。

我不但长得帅，打仗也帅！

周瑜

曹操压根不把孙刘联盟放在眼里，便在赤壁摆开架势，要讨伐他们。

老虎不发威，你当我们是病猫吗？

曹军大多是旱鸭子，不习惯坐船。曹操便命人将江上的战船全部用铁索连在一起，这样人和马在船上行走就如履平地。

　　孙刘联军见曹操竟然把战船连在一起，一下子就想到了一条打败曹操的妙计，那就是火攻。

　　不久，黄盖前往曹营诈降，然后悄悄点燃曹军的战船。当时风很大，江上瞬间火光冲天。

就在曹军被烧得生无可恋的时候，孙刘联军火力全开，杀得曹操丢盔弃甲而逃。

赤壁之战让曹操元气大伤，曹操担心后方不稳便打道回府，而他统一天下的梦想也彻底破灭了。

迷雾小剧场

　　赤壁之战是一场以弱胜强的战争，孙刘联盟仅以数万士兵大败数十万曹军。曹操惨败，从而错失了一统天下的大好时机。不过，对于刘备和孙权而言，却迎来发展势力的大好时机。

第二十五章　三国（五）：关羽大意失荆州

赤壁之战后，刘备在一夜之间红得一塌糊涂。

当刘备红得发紫的时候，孙权开始紧张了，因为他怕有一天刘备会成为他强大的竞争对手。

为了跟刘备进一步搞好关系，孙权不惜将妹妹嫁给了刘备。

由于刘备兵多地少，没法施展拳脚，便跟孙权"借"了他抢占的那部分荆州地盘。

孙权哪里会想到，刘备竟是个老赖，从来没想过要把借的地盘还回去。所以，当孙权找刘备讨要地盘时，刘备便耍赖不还。

于是，孙权决定发兵夺回自己的地盘，甚至想抢占整个荆州。
刘备担心与曹操、孙权两面作战，被迫与孙权平分荆州。

两家虽然暂时化干戈为玉帛，却从此结了仇。

后来，关羽水淹曹操七路大军，威震四方，吓得曹操想要迁都避其锋芒。

为了对付关羽，曹操打起了孙权的主意。他向孙权许诺，只要他肯在背后偷袭关羽，就把江南一带的地盘赏给他。孙权毫不犹豫地答应了曹操。

　　孙权为什么会答应与曹操合作呢？有两个原因：一、孙权想独霸荆州；二、孙权曾替儿子向关羽的女儿提亲，不但被拒绝，还遭羞辱，所以孙权一直对关羽怀恨在心。

吾虎女安肯嫁犬子乎！

　　孙权计划偷袭关羽，并请求曹操替他保密，曹操也满口答应了。

我是老实人，你可别骗我！

我曹操要是骗你，名字倒着念！

　　孙权哪里会想到，曹操转过身就把孙权准备偷袭关羽的事泄露给了关羽。

兄弟，我只能帮你到这儿了！

曹操不是很想让孙权偷袭关羽吗，为什么还要出卖孙权呢？因为他想让刘备集团与孙权集团打起来，自己好坐收渔翁之利，但又不想让孙权打败关羽，独霸荆州。

如意算盘打得啪啪响，敌人被我玩弄于股掌之中！

关羽听说孙权打算偷袭自己，压根没放在心上，因为他一向不把孙权放在眼里，认为孙权偷袭他，等于是"茅厕里点灯——找死"。

龙不吟，虎不啸，小小匹夫，可笑可笑！

然而，明枪易躲，暗箭难防，就在关羽在前线一门心思地收拾曹军的时候，孙权却偷偷派人抄了他的老巢。

关羽大意失荆州，又败走麦城，半道上还被孙权的人袭击并杀害。

关羽被杀，刘备、张飞能不生气吗？

为了让曹操背锅，孙权把关羽的人头邮寄给了曹操，意思是想告诉刘备、张飞，是曹操指使他杀害的关羽。

俗话说："英雄惜英雄。"虽然关羽与曹操是对手，但曹操却非常欣赏他，还将他的人头安葬在洛阳。与此同时，孙权将关羽的身体安葬在当阳。刘备又在成都给关羽建造了一座衣冠冢。

三国名人堂

关羽勇冠三军，号称"万人敌"，凭借水淹曹操七路大军而威震四方。然而，他却因大意丢掉荆州，并且惨死于孙权之手，着实令人惋惜。不过，值得庆幸的是，他在死后却成了忠义的化身，成为与"文圣"孔子齐名的"武圣"。

第二十六章　三国（六）：刘备临终托孤

关羽死后不久，一代枭雄曹操因病去世，享年六十六岁，一个属于曹操的时代结束了。

很快，曹操的儿子曹丕干了一件曹操一直想干却不敢干的事：逼汉献帝将皇位禅让给自己，并建立**魏国**。至此，延续了一百九十五年的东汉王朝正式宣告灭亡。

紧接着，刘备称帝，仍以"汉"为国号。由于地盘位于蜀地，史称"蜀汉"，又简称"蜀"，后人习惯性地称其为**蜀国**。

孙权也不甘落后，称帝并建立吴国。由于地盘在东部，也被称为"东吴"。

此时，魏、蜀、吴三国正式登场，真正的三国时代才算正式开始。

不久，从蜀国传出一个重磅消息：刘备、张飞为替关羽报仇，将要发兵攻打孙权。然而，张飞还没走出蜀国就被手下人杀了。

听说刘备要攻打吴国，孙权二话不说便求和，但刘备却是狗吃秤砣——铁了心要收拾孙权。

刘备率军一口气杀到孙权的地盘。不料，无论他如何挑战，孙权的人一直紧闭城门，不肯接招。

不怕被对手撂倒，就怕对手不接招！

在此期间，刘备干了一件蠢事。当时，天气炎热，刘备在山林中安营扎寨，并且将所有营寨连在一起。

把你的智商按在地上摩擦，准能擦出火花！

众所周知，吴军擅长火攻，并且曾火烧赤壁，大败曹操。

这次，吴军打算让刘备及其蜀军体验一下曹军当年被大火焚烧的滋味。

我们的口号是：让悲剧重演！

在一个狂风大作的日子里，在夜幕的掩护下，吴军悄悄溜到蜀军的营寨，然后点燃了蜀军的营寨。几十座营寨瞬间起火，蜀军顿时大乱。

就在蜀军大乱之际，吴军趁机冲杀上去，将刘备打得连连退败。此役，蜀军几乎全军覆没，刘备一口气逃到了白帝城，这才捡回了一条命。

孙权并没有乘胜追击，而是依旧选择向刘备求和。

这下，刘备没脾气了，只好答应。

不久，刘备重病不起，连忙将诸葛亮叫到了白帝城嘱咐后事。这就是著名的"临终托孤"。

阿斗要是扶得起，你就扶。要是扶不起，你就自行定夺！

臣愿鞠躬尽瘁，死而后已！

阿斗是谁呢？就是刘备的儿子刘禅（shàn）。"扶不起的阿斗"说的就是他。

嘿嘿，傻人有傻福！

刘禅

刘备去世后，刘禅继承了皇位。

刘禅智商一般，能力有限，所以国家的大小事务全部交给了诸葛亮。自从有了诸葛亮，刘禅在纷乱的三国时代依然觉得岁月静好。

哪有什么岁月静好，不过是有人替你负重前行！

三国名人堂

刘备有雄才，口碑好，所以拥趸遍布天下。然而，他虽然拥有统领将帅的才能，却缺乏领兵打仗的才能，所以几乎逢战必败。不过，他依然能够与曹操、孙权三分天下，也不失为一代枭雄。

第二十七章 三国（七）：诸葛亮智斗司马懿

为了光复汉室，诸葛亮决定北伐魏国。

出发前，他给皇帝刘禅写了一篇催人泪下的奏表，名叫《出师表》。

为了打个开门红，诸葛亮特意让自己最看好的大将马谡（sù）充当先锋。

澎湃社会澎湃人，
澎湃少伙最精神！

马谡

事实上，刘备在临终前曾对诸葛亮千叮咛，万嘱咐，说马谡没什么真才实学，不可大用。

马谡就嘴巴厉害，
你千万别重用他！

是骡子是马，
牵出来遛遛！

诸葛亮最终还是没听刘备的劝告，坚持重用了马谡。

左耳进，右耳出，
北伐还能不输？

马谡做了先锋后，本来该依山傍水安营扎寨，但他却违背诸葛亮的作战部署将军队驻扎在山上。部将劝他别干蠢事，但他固执己见。

很快，马谡就被魏军打得丢盔弃甲而逃。

马谡惨败，丢失街亭，致使诸葛亮第一次北伐功败垂成，诸葛亮不得不打道回府。

后来，诸葛亮又多次进行北伐。其间，他碰上了一个强大的对手，这个人就是司马懿。无论他如何向司马懿挑战，司马懿始终不肯应战。

为了激怒司马懿，诸葛亮给他送了一身女人的衣服，嘲笑他不是男人。

是男人就来应战！

司马懿

司马懿假装气坏了，立刻派人回京恳求皇帝允许他与诸葛亮决一死战。

希望陛下能允许我将那诸葛匹夫碎尸万段！

事实上，主将完全可以决定要不要开城与敌人决一死战。那么，司马懿为什么还要大费周章千里请战呢？其实，他是故意演给自己的士兵看的，免得士兵认为他害怕诸葛亮。

哥们儿，你的戏演得有点过了！

就在蜀军与魏军死磕期间，诸葛亮突然因病去世。

然而，让司马懿意想不到的是，诸葛亮在临终前给他下了个套。

当时，司马懿听说诸葛亮死了，蜀军正在撤退，便立刻出城追击。

司马懿追上一看，却发现蜀军突然反转军旗，摆出迎战的姿态。他以为诸葛亮诈死，故意引他出洞，于是撒丫子就跑。

等蜀军安全撤离后，司马懿才确定诸葛亮确实已经去世，于是感叹道——

就因为这事，老百姓还编了个谚语嘲笑司马懿。

众所周知，古人有名，也有字。司马懿，名"懿"，字"仲达"，所以谚语说："**死诸葛吓跑活仲达！**"

三国名人堂

在很多人看来，诸葛亮上知天文，下知地理，知晓阴阳八卦，精通奇门遁甲，可谓是半人半神。虽然有些夸张，但诸葛亮足智多谋却是毋庸置疑的。所以，他才能辅佐刘备三分天下，并在刘备去世多年后使蜀国与魏国、吴国三足鼎立。

第二十八章　三国（八）：司马家一统三国

说出来你可能不信，老狐狸司马懿最大的优势并不是他有多狡猾，而是他长寿。

司马懿熬死了诸葛亮不说，还熬死了曹操祖孙三代人。

此时，三国时期的能人基本上都已去世，能跟司马懿过招的人几乎没有。然而，大将军曹爽仗着是皇亲国戚，愣是架空了司马懿。

初生牛犊不怕虎呀!

那是当然!

曹爽

　　尽管司马懿已经失势,但是曹爽对他仍不放心,所以处处提防着他,以防他逆风翻盘。

我要时刻盯着你!

　　司马懿知道此时还不是向曹爽亮剑的时候,便装病,宅在家里,然后等待时机,给曹爽致命一击。

我的宝剑从不轻易出鞘,一出鞘必见血!

　　有一次,曹爽派人去看望司马懿,结果发现司马懿病得都快灵魂出窍了。所以,他从此放松了警惕。

没过多久，曹爽带着皇帝出城扫墓，没想到司马懿竟活蹦乱跳地率领大军控制了京城。

司马懿向曹爽许诺，只要他放弃反抗，不但留他一命，还让他回家做个富豪。

曹爽想答应，但桓范却劝他挟持皇帝，然后以皇帝的名义召集天下兵马共同讨伐司马懿，说不定还有翻盘的机会。

曹爽没什么脑子，最终选择束手就擒。

　　曹爽投降后，司马懿确实按照承诺让曹爽回家做富豪了。但是，事情还远远没有结束。不久，司马懿便派人举报曹爽曾密谋造反，结果曹爽还是被司马懿杀了。

　　曹爽死后，魏国就被司马懿控制了。

司马懿有个儿子叫司马昭，野心大得路人皆知。

司马昭之心，
路人皆知！

曹髦

司马昭

司马昭很厉害，很快便打得刘禅抬着棺材投降了。

欢迎欢迎，
热烈欢迎！

我要投降！

刘禅

蜀国灭亡后，刘禅被迫迁到洛阳。

今后，我年年都
能看到牡丹了！

洛阳

有一天，司马昭邀请刘禅和蜀国大臣一起欣赏文艺演出。

由于当时表演的是蜀国的歌舞，蜀国大臣想起亡国之痛，个个哭得一把鼻涕一把泪，唯独刘禅却在傻乐。

不久，司马昭问刘禅是否思念蜀地，刘禅说自己**乐不思蜀**，司马昭才不再猜忌他。

司马昭死后，儿子司马炎逼迫魏国的皇帝将皇位禅让给了自己，然后建立了晋朝，史称"**西晋**"。

此时，吴国的皇帝是孙权的孙子孙皓。这孙皓酷爱杀人，没少干坏事。当晋军杀来时，他立刻投降了。

自此，魏、蜀、吴三国全被西晋收入囊中，三国时代正式宣告结束。

迷雾小剧场

　　你有没有发现一件非常奇怪的事：不管是曹丕篡汉，还是司马炎篡魏，都是逼着皇帝将皇位禅让给自己的？他们明明有实力直接称帝，为什么偏偏要逼着皇帝禅让呢？这是因为直接称帝会被视作乱臣贼子，而禅让就大不一样了，禅让表示自己是顺应天意继承皇位的，这样显得比较名正言顺。

中国历史大事年表

约公元前 2070 年，大禹建立夏朝。

约公元前 1600 年，商汤推翻夏朝，建立商朝。

公元前 1046 年，周武王打败商纣王，推翻商朝，建立西周。

公元前 771 年，周幽王被杀，西周灭亡。

公元前 770 年，周平王迁都洛邑，历史进入东周时期。

公元前 403 年，韩、赵、魏三家被周天子封为诸侯，拉开了"战国七雄"的序幕。

公元前 356 年，商鞅在秦国实施变法。

公元前 307 年，赵武灵王在国内推行"胡服骑射"。

公元前 260 年，长平之战爆发。

公元前 247 年，十三岁的秦王嬴政即位。

公元前 230 年，秦灭韩。

公元前 228 年，秦灭赵（一说公元前 222 年赵国灭亡）。

公元前 225 年，秦灭魏。

公元前 223 年，秦灭楚。

公元前 222 年，秦灭燕。

公元前 221 年，秦灭齐，统一中国。

公元前 213 年，秦始皇焚书。

公元前 212 年，秦始皇坑儒。

公元前 210 年，秦始皇驾崩，秦二世胡亥即位。

公元前 209 年，陈胜、吴广起义爆发。

公元前 208 年，陈胜、吴广起义失败。

公元前 207 年，秦朝灭亡。

公元前 206 年，项羽分封十八路诸侯，自称"西楚霸王"，封刘邦为"汉王"。

公元前 203 年，刘邦与项羽鸿沟议和，平分天下。

公元前 202 年，项羽于乌江自刎。同年，刘邦称帝，建立西汉，定都长安。

公元前 195 年，刘邦去世，汉惠帝刘盈即位。

公元前 188 年，汉惠帝去世，吕后掌权。

公元前 180 年，吕后去世，汉文帝即位。

公元前 154 年，吴楚七国之乱爆发，三个月后被平定。

公元 9 年，王莽建立新朝，西汉灭亡。

公元 25 年，刘秀称帝，建立东汉，定都洛阳。

公元 184 年，黄巾起义爆发。

公元 189 年，董卓废掉汉少帝刘辩，改立汉献帝刘协为帝。

公元 192 年，司徒王允策反吕布，除掉董卓。

公元 196 年，曹操将汉献帝接到许县，开始挟天子以令诸侯。

公元 200 年，官渡之战爆发。同年，孙策遇刺身亡，弟弟孙权成为接班人。

公元 207 年，刘备三顾茅庐请诸葛亮出山。

公元 208 年，赤壁之战爆发。

公元 219 年，关羽水淹七军，威震四方。不久，大意失荆州，被孙权杀害。

公元 220 年，曹操去世，曹丕篡汉称帝，建立魏国，东汉灭亡。

公元 221 年，刘备称帝，建立蜀汉。

公元 221 年，刘备为替关羽报仇，发动夷陵之战，却被打败。

公元 223 年，刘备去世，儿子刘禅即位。

公元 228 年，诸葛亮北伐魏国。

公元 229 年，孙权称帝，建立吴国。

公元 234 年，诸葛亮病逝。

公元 263 年，刘禅投降，蜀汉灭亡。

公元 266 年，司马炎建立西晋。

公元 280 年，吴国灭亡，西晋统一天下。

韩明辉 著

爆笑 贰
中国历史课
（全三册）

贵州出版集团
贵州人民出版社

目 录

第一章　西晋（上）：荒唐的晋武帝

晋朝是一个让无数人头大的朝代，因为它实在太乱了。怎么个乱法呢？皇室热衷于争权，将军酷爱造反，胡人集体闹翻天。

正是因为乱，所以晋朝的国祚很短，一共延续了一百五十五年，而且还被分成两段：前半段被称为"西晋"，后半段被称为"东晋"。

国祚短

西晋51年　　东晋104年

咱们先说前半段——西晋。

晋武帝司马炎统一天下之后，便开始沉醉于纸醉金迷的生活。

皇帝三观不正，大臣也都跟着有样学样。

就拿一些大臣来说吧，他们仗着自己有花不完的钞票，就满世界地炫富、斗富。

我吃蛋糕不拍照！

我喝酸奶不舔盖！

社会风气不正，晋武帝不但不管，反而还支持舅舅与大臣斗富。这样的国家能好到哪里去？

我严重怀疑自己遇到了一个假皇帝！

晋武帝

假

测谎仪

更要命的是，晋武帝将皇位传给了儿子司马衷，是为"晋惠帝"。晋惠帝总喜欢问一些幼稚的问题。

晋武帝难道不知道晋惠帝智力低下不堪重用吗？当然知道。那么，他为什么还要让晋惠帝接班呢？因为晋惠帝生了个聪明的儿子，名叫司马遹（yù）。

司马遹究竟有多聪明呢？咱们来举两个例子。

司马遹五岁时，皇宫失火，晋武帝登楼远眺，却被司马遹悄悄拉到暗处。晋武帝问其原因，他解释说，夜间失火很容易出事，万一有人对你不利怎么办？所以，不能让火光照到你。

还有一次，晋武帝带他到猪圈看猪。司马遹建议将肥猪炖了赏给大臣，免得糟蹋粮食。

晋武帝认为司马遹的智商可以跟司马懿媲美，所以十分看好他。

为了让司马遹将来接班做皇帝，所以晋武帝才将皇位传给了晋惠帝。

如果不出意外的话，一定会出意外，而这场意外的罪魁祸首便是晋惠帝的老婆——皇后贾南风。

贾南风担心司马遹即位后自己地位不保，所以就想方设法除掉他。

一天，贾南风将司马遹骗到皇宫，先把他灌醉，然后诱使他写下逼迫晋惠帝退位的书信。晋惠帝哪里能分辨出是栽赃陷害，所以立刻下令将司马遹软禁起来。不久，贾南风便派人将司马遹活活打死。

司马遹遇害，不但让司马炎愿望落空，还给西晋王朝埋下了巨大的隐患。

人有千算，敌不过老天一算！

司马炎

西晋名人堂

晋武帝司马炎的一生可以分为两个阶段：在统一三国前，他是个勤政爱民的明君；在统一三国后，他变成了一个骄奢淫逸的昏君。更悲催的是，他为了让孙子即位，竟让傻儿子继承皇位。结果等他一死，孙子不但没能即位，儿子又没法处理朝政，就给坏人留下了干坏事的空间，也为天下大乱、西晋灭亡埋下了祸根。

第二章　西晋（下）：八王之乱

晋惠帝智力低下，无法正常治理国家，皇后贾南风便趁机干政，结果引发了"**八王之乱**"。

八王之乱，就是八位诸侯王为争夺中央政权而进行的一场厮杀。事实上，参与的诸侯王远不止八个，只不过比较出名的有八个。

其间，贾南风被潜伏在她身边的一个诸侯王毒死了。

八个诸侯王杀来杀去，七个惨遭淘汰，只有东海王司马越笑到最后。

后来，晋惠帝去世，晋怀帝即位。而司马越却独揽大权，整天为所欲为。

为所欲为是轻狂，
独揽大权会遭殃！

晋怀帝

晋怀帝对司马越掌权十分不满，便号召大家一起讨伐他。
司马越忧惧成疾，一命呜呼，"八王之乱"到此才算结束。

"八王之乱"
没有赢家呀！

"八王之乱"虽然结束了，但司马家对国家的掌控能力却大大下降。
于是，各地有实权的官员纷纷单飞。

有一个叫刘渊的匈奴人在山西老家称帝，定国号为"大汉"（史称
"汉赵"或"前赵"）。

我是刘渊，我为
汉国代言！

汉国

刘渊

刘渊死后，四儿子刘聪抢了大儿子的皇位。

刘聪比较勇猛，直接派人杀进西晋的都城洛阳，俘虏了晋怀帝，还屠杀了十余万人。这事发生在永嘉年间，因此被称为"永嘉之乱"。

刘聪每次带大臣们休闲娱乐的时候，都会让晋怀帝充当服务生给大家倒酒。

刘聪这么干其实是故意羞辱晋怀帝的，想看看他与大臣们是什么反应，还想不想逆风翻盘，岂料大臣们个个脸色难看。

刘聪很生气，很快便杀了晋怀帝，让大臣们彻底断了翻盘的念头。

　　晋怀帝被杀后，他的侄子立刻在长安重新扛起司马家的大旗，自立为皇帝，史称"晋愍（mǐn）帝"。

　　晋愍帝也是个倒霉蛋，没做几年皇帝就被刘聪俘虏。后来，刘聪对他百般羞辱，宴饮时让他洗酒杯，上厕所时让他拿马桶盖。没多久，晋愍帝被杀害，西晋从此灭亡。

西晋曝光台

西晋王朝一统三国，结束了几十年的分裂局面，着实不易。岂料皇帝昏庸，皇后干政，诸侯王对中央政权又虎视眈眈，引发了"八王之乱"和"永嘉之乱"，致使西晋王朝从建国到亡国仅仅维持了五十一年，实在可惜。更悲哀的是，西晋虽然灭亡了，却留下了一个烂摊子，以致接下来的东晋比三国时期还要乱。

第三章 东晋十六国（上）：北方各族内迁

在西晋灭亡之前，有一个很有远见的人早已看出西晋迟早要完蛋，这个人就是来自顶级豪门——琅琊王氏的王导。

为了将来能给西晋续命，王导提前替好哥们儿——琅琊王司马睿在南方谋得了一份新工作。

当群雄在北方争抢西晋的地盘时，王导与司马睿却在南方坐山观虎斗。

等西晋一灭亡，王导与司马睿立刻在南方建立了一个新朝廷，国号仍为"晋"，史称"东晋"。

当时，北方乱成一锅粥，很多世家大族纷纷南逃，投奔司马睿，史称"**衣冠南渡**"。从此，国家的政治、经济、文化中心开始南移。

此刻，西晋的地盘被一分为二：南方，归东晋；北方各族先后建立的十六个国家，即"十六国"。这一时期被合称为"东晋十六国"。

当时北方内迁的五个主要游牧民族有：

事实上，内迁的并非只有这五个游牧民族，也并非只建立了十六个国家。之所以提这个，是因为这五个游牧民族名气很大。

内迁的各族人民为什么反晋呢？一切还得从汉朝说起，在汉朝时就有大批游牧民族百姓移居中原。到了西晋时期，移居潮达到历史新高，可以说在中原到处都能见到游牧民族的百姓。

但西晋统治腐朽，向内迁的各族人民征收苛捐杂税，还掠卖少数民族人民为奴隶，激起了各民族人民的强烈反抗，因此一些少数民族首领趁机起义。

其间，内迁的各族曾在不同时间建立了十六个国家，它们分别是：

成汉 大夏
二赵: 前赵 后赵
三秦: 前秦 后秦 西秦
四燕: 前燕 后燕 南燕 北燕
五凉: 前凉 后凉 西凉 南凉 北凉

北方虽然乱如麻，但是也曾统一过两次。

第一次是被前秦统一的。但是，前秦的统治者本来想灭掉东晋一统天下，没想到却功败垂成，并且导致北方再次分裂成很多国家。

有志气，就是缺点运气。

苻坚

后来，北方又被一个叫北魏的国家统一了。

这时，北方正式进入北朝时期。这一时期已经不再是"东晋十六国"了，而是属于一个新时代——南北朝时期。

我们已经跑步进入新时代！

拓跋焘

东晋观察室

北方战乱不休给民生和经济都带来了巨大破坏。与此同时，北方的世家大族纷纷逃往南方，这也客观地促进了南方经济和文化的发展，使得南方变得越来越富庶繁华。

第四章 东晋十六国（中）：王敦之乱

北方的十六国乱得一团糟，南方的东晋也好不到哪儿去。

东晋到底有多乱呢？虽然只延续了一百零四年，却经历了五次大内乱。

接下来，咱们先来讲一讲东晋遇到的头一遭内乱——**王敦之乱**。

王敦是谁呢？他就是王导的堂哥。

早在司马睿去南方之前，王敦在南方就树立了威望。

司马睿刚到南方时，南方人压根瞧不起他。

为了提高司马睿的威望，王导便拉王敦一起替司马睿炒作。

有俩兄弟帮忙运作，司马睿迅速在南方有了影响力。

没有王导和王敦，司马睿不可能建立东晋。为报答二人，司马睿便让王导掌管朝政，让王敦掌管兵权。一时间，出现了"王与马，共天下"的局面。

后来，司马睿担心王导、王敦会威胁到皇权，便处处打压二人。

王导是一个人畜无害的老实人，倒是不会跟司马睿一般见识，但王敦不一样，立刻率兵杀向京城。

司马睿手下都是一帮乌合之众，不经打，被王敦轻松打趴下。

司马睿被迫示弱，还让王敦做了东晋的二当家。

虽然王敦是二当家，但是大权都在他手里，司马睿反倒成了傀儡。

我是一条酸菜鱼，
又酸又菜又多余！

酸菜

司马睿很快郁郁而终，儿子司马绍继承了皇位，史称"晋明帝"。

人间不值得

晚年，王敦想造反，竟让一个爱国青年去监视朝廷。
王敦哪里会想到，爱国青年立刻跑到晋明帝那里打小报告。

报告领导，我有
情况汇报！

晋明帝听说王敦想造反，一直隐忍不发，直到王敦病得爬不起来后，
他才发飙。

为了和王敦划清界限，提升士气，王导干了一件很损的事。他对外声称王敦已经去世，然后带领族人为王敦举行了一场极其隆重的葬礼。

后来皇帝讨伐王敦，正当两军打得不可开交的时候，王敦突然去世了。

王敦没儿子，临死前交代接班的养子王应先称帝，然后再给他举办葬礼。计划虽好，但王应却没有照办。

王敦死后，王应把王敦用破席卷起来埋在屋里，然后整天纵酒淫乐。

后来，大军战败，王应被扔进了江里，王敦也被从地下刨出来砍了头。"王敦之乱"终于被平定。

东晋观察室

　　"王敦之乱"属于东晋集团里的内部斗争，致使东晋王朝风雨飘摇。尽管晋明帝平定了"王敦之乱"，却未能如愿以偿地加强皇权。主弱臣强，这也注定东晋王朝要继续承受一轮又一轮的叛乱。

第五章　东晋十六国（下）：东晋灭亡

在"王敦之乱"之后，东晋又先后经历了四次内乱，并且个个都让朝廷头疼。接下来，咱们一个一个地说。

东晋104年

没一个让人省心的！

王敦之乱

一、苏峻之乱

苏峻年轻的时候很有才学，对朝廷忠心不二。然而，自从在平定"王敦之乱"中立过大功之后，他就开始膨胀，经常收留不法分子，还动不动就跟朝廷叫板。

朝廷很生气，要收拾苏峻，苏峻立刻反了。

苏峻跟开了挂似的，很快便攻破都城，并控制了朝廷。

苏峻本来前途大好，没想到却因为耍帅送了命。

小贴士

苏峻究竟是怎么死的呢？原来，在与敌军打仗时，他见儿子带领几十个人便打败了数千敌军，认为自己比儿子更优秀，便率领数人冲向敌军，结果被敌军扔出的长矛刺死了。

一失足成千古恨！

二、孙卢之乱

起初，孙恩因为叔叔造反受到牵连而逃到海上做起了海盗。

我是孙恩，我要成为像海贼王一样的男人！

孙恩

没过多久，他召集了上百个海盗从海上杀了回来，并且一下子聚集了数十万人。不过，他最终被朝廷的军队打得跳海自杀了。

我猜到了开头，却没猜到结局！

孙恩死后，妹夫卢循接了他的班。

为了拉拢卢循，朝廷还给他封了官，但他仍时不时跳出来闹事，结果被朝廷的军队打得到处逃。卢循一败再败，便学孙恩跳海自杀了。

自杀前，卢循先把大老婆和孩子全杀光，然后给小老婆们出了一道送命题。他问小老婆们有没有人愿意跟他殉情，说不愿意的都被杀了，说愿意的反倒躲过了一劫。

三、桓玄之乱

说桓玄前，有必要先说一下他的老爹桓温。

桓温是个有野心的人，他有一句流传千古的"毒鸡汤"——既不能流芳后世，不足复遗臭万载邪！

一个人如果不能流芳百世，那就应该遗臭万年！

桓温

桓温是个权臣，去世前曾想篡位，可惜到死都没能如愿以偿。

桓温去世时，桓玄还小。他虽然继承了爸爸的爵位，但由于爸爸有污点，所以朝廷只让他做基层干部。

不过，桓玄后来真的造反了。

舍得一身剐，敢把皇帝拉下马！

盟主

桓玄

桓玄很幸运，一下子就俘虏了皇帝。随后，他把皇帝赶下台，自己做了皇帝。他爸没有做到的事，他做到了。

长江后浪推前浪，一代更比一代强！

不过，桓玄没得意多久就兵败自杀了。

但谁能想到，桓玄在兵败期间还不忘写"狂人日记"。他在日记中说，四海八荒就他最懂打仗，之所以屡战屡败，是因为诸将没听他的。

上天欲使其灭亡，必先使其病狂！

四、刘裕之乱

刘裕能征善战，平定了不少叛乱，并收复了洛阳、长安，地位急剧上升。

今年的头条，由我一人承包！

长安 刘裕 洛阳

可是，刘裕一掌权就想过一把皇帝瘾。但谶（chèn）语却说，东晋昌明帝之后，还有两个皇帝，国祚才算结束。

这事好办！

占卜

为了应谶，刘裕杀了现任皇帝，又立了一位新皇帝。

很快，他就把新皇帝赶下台，自己做了皇帝。

至此，东晋灭亡，南方进入了南朝时期。

当南方进入南朝时期、北方进入北朝时期时，历史从此进入了南北朝时期。

东晋观察室

东晋与十六国虽然并存，但并非一直和平相处，因为双方都曾想过要一统南北，尤其是东晋。东晋虽然曾多次北伐，却因为内乱频繁而一无所获。更可悲的是，东晋还因为内乱亡了国。

第六章 南北朝（上）：彪悍的南朝

东晋灭亡后，南方先后冒出宋、齐、梁、陈四个朝代，史称"**南朝**"。十六国灭亡后，北方冒出北魏、东魏、西魏、北齐及北周五个朝代，史称"**北朝**"。这一时期被统称为"**南北朝**"。

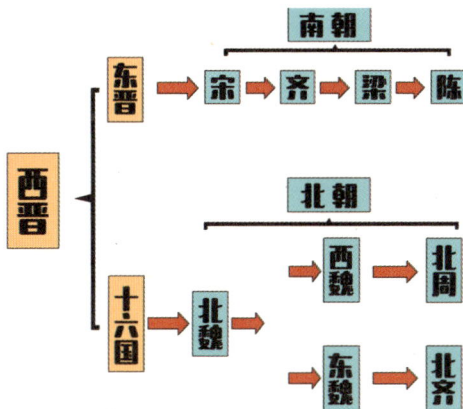

咱们先讲南方的南朝。

刘裕抢占了东晋的江山之后，改国号为"宋"，史称"刘宋"。

为什么称刘裕建立的国家为"刘宋"呢？其实，是为了与唐、宋、元、明、清中的那个宋朝区分开。

走过南，闯过北，抢个江山心里美！

刘裕是一个十分节俭的皇帝，不爱金银珠宝，不喜欢奢华的生活，曾经有人进献精美的布匹，但刘裕想到生产这么精美的布匹一定很劳民伤财，就禁止再生产这类布匹。

刘裕虽然很节俭，却对老百姓十分慷慨，处处为他们谋福利。在他的治理下，老百姓安居乐业。

如果感到幸福，你就拍拍手！

刘裕虽然一世英名，却生了个败家子刘义符。这家伙当上皇帝后整天只知道吃喝玩乐，不久就被大臣废了。

南朝宋接下来的几位皇帝更是不争气，并且大多荒淫无度，毫无人性。

皇帝无道，于是大臣萧道成趁机抢了皇位，定国号为"齐"，史称"南齐"。

而后，南齐又出了个残暴的皇帝逼反了他的亲戚。这个亲戚不但杀了他，还灭了南齐，改国号为"梁"，史称"南梁"。他就是大名鼎鼎的梁武帝。

咱上过电视，登过报，全国人民都知道！

梁武帝

南梁

梁武帝信佛，曾经四次出家当和尚，而又四次被大臣花钱赎回。他是回来了，但是没钱了。

梁武帝还干过一件蠢事。他想用降将侯景从敌人手中换回被俘的侄子，结果引发了"侯景之乱"。

智商值

你不仁，别怪我不义！

梁武帝

侯景

侯景比猴儿还精，担心梁武帝真拿他换人，于是就找了几个演技不错的演员假扮成敌人的使者去试探梁武帝。

请开始你们的表演！

演员

梁武帝不知道是圈套，还真往里跳。

侯景很生气，不但控制了梁武帝，还将他活活饿死。

经过"侯景之乱"之后，南梁国力大减，梁将陈霸先趁机夺取江山，改国号为"陈"，史称"南陈"。南陈是中国历史上唯一一个用皇帝的姓氏做国号的朝代。

后来，陈叔宝继承了皇位。

陈叔宝诗词歌赋样样精通，但就是不会当皇帝，以致南陈被隋朝灭掉。

据说，当隋军杀进皇宫时，陈叔宝还闹了个笑话。当时，他正躲在

一口枯井里。当隋军把他拉出来时，发现他怀里还抱着两个大美女，搞得隋军捧腹大笑。

你是猴子派来的笑星吗？

隋军

南朝观察室

南朝的宋、齐、梁、陈四个朝代是继东晋之后，由汉族建立起来的王朝。南朝四个朝代为中华文明的延续和发展作出了不可磨灭的贡献。

第七章 南北朝（下）：血腥的北朝

还记得北朝都有哪些朝代吗？咱们先来回顾一下。

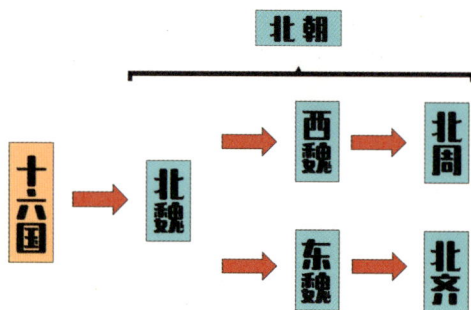

在北朝中，最先闪亮登场的是由鲜卑族建立的北魏。

北魏有个智商和情商都很高的皇帝，他就是孝文帝。

智商决定你的下限，情商决定你的上限！

拥有高智商和高情商，你将潜力无限！

孝文帝

孝文帝特别擅长给大臣"下套"。

有一年，他想把都城迁到洛阳，又担心大臣们投反对票，便声称要南征，大臣们纷纷表示支持。

我只不过设了个局，而大臣们却入了迷！

途经洛阳时，孝文帝却赖在这里不走了。

这时，大臣们才回过味儿来，但生米已经煮成了熟饭。

这套路，给满分！

100分

100分

100分

大臣

孝文帝是汉文化的忠实拥趸，一到洛阳，便进行了一番轰轰烈烈的汉化运动。

小贴士

所谓"汉化运动",其实就是让鲜卑族全盘汉化。比如,让鲜卑人说汉语、穿汉服、与汉人通婚等。

此外,孝文帝还让鲜卑人将姓氏统统改成了汉姓。

以前,鲜卑人大多是复姓,比如独孤、拓跋等。改过之后,"独孤"变成了"刘"姓,"拓跋"变成了"元"姓。

孝文帝为什么要进行汉化运动呢?当然是因为当时汉族文化比较发达,而且拥有各种先进的政治、法律等制度。

孝文帝的汉化运动不但促进了民族大融合，还使得北魏一跃成为超级强国。

唯有自己强大，才能横扫天下！

北魏

然而，谁都没有想到，孝文帝的汉化运动却意外成了"六镇起义"的导火索。

我做梦都没有想到呀！

六镇起义

"六镇起义"是咋回事呢？

北魏有六大军镇，六大军镇的将士多是鲜卑的贵族。迁都前，他们可以随时回中央做大官。迁都后，他们却只能待在边疆做保安。

以前，我们有的是背景。现在，我们有的是背影！

沦落到社会底层，六大军镇的将士们心里能好受吗？所以他们就反了。

"六镇起义"虽然来势汹汹，但是最后还是被镇压下去了。

"六镇起义"虽然被平息，却导致北魏分裂成东魏和西魏两部分。

后来，东魏和西魏的皇帝又被各自的大臣抢了江山。于是，东魏变成了"北齐"，西魏变成了"北周"。

北齐的皇帝们，业务能力强的大都短命，长寿的又大都无能，所以北齐后来被北周灭掉了。此时，北方已经全部被北周收入囊中。

敲黑板：北方全归北周管！

北周

北周末年出了个小皇帝，即位时才七岁。你让他玩泥巴可以，但让他治理国家，没戏！

我小小年纪，无忧又无虑！

小皇帝什么都不会干，这就给了权臣专权的机会。很快，有个叫杨坚的权臣便控制了整个国家。

没办法，我就是这么强大！

杨坚

没多久，杨坚便抢了小皇帝的江山，并建立了隋朝。
北周灭亡，这也意味着北朝从此灭亡。

不久，杨坚又灭掉了南陈，统一了天下，结束了自三国两晋南北朝以来将近四百年的战乱。

上天选我做真命天子，我还天下人一个太平盛世！

北朝观察室

北朝时期，最大的亮点莫过于北魏孝文帝的汉化运动。汉化运动有助于消除不同民族之间的隔阂，促进各个民族之间的交流，为民族大融合奠定了坚实的基础。

第八章　隋朝（上）：所托非人

隋朝刚建国时，隋文帝杨坚面对的是一个经历了将近四百年战乱的烂摊子。为了收拾这个烂摊子，他把吃奶的劲儿都使上了。

在隋文帝的努力下，一时间，经济飞速发展，隋朝很快便进入一个辉煌的盛世，史称"**开皇之治**"。

开皇之治

知道当时隋朝有多富裕吗？据说，隋朝储存的粮食足够全国人吃五六十年。

> 穷吃肉，富吃虾，皇亲贵戚吃王八！

隋文帝够厉害吧？但谁能想到，这么厉害的一个男人竟然是个"妻管严"，他对皇后独孤伽罗是又爱又怕。

> 世上没有怕老婆的男人，只有尊重老婆的男人！

> 不管你信不信，反正我是不信！

独孤伽罗

隋文帝一共有十个孩子，而且全都是独孤伽罗给他生的。

大儿子杨勇是太子，人倒是不坏，但生活奢侈，所以隋文帝不怎么待见他。

杨勇还娶了很多老婆，并且冷落大老婆，搞得独孤伽罗也十分讨厌他。

爸爸不疼，妈妈不爱，我为自己感到悲哀！

二儿子杨广是个人精，为了讨得爸妈的欢心，把大哥当成反面教材，然后把自己包装成一个绝世好男人。

你擅长化妆，我擅长伪装！

杨广

由于演技精湛，杨广成功地骗过了隋文帝和独孤伽罗。

为了抢夺杨勇的太子之位，杨广整天在独孤伽罗面前说杨勇的坏话，甚至诬陷杨勇想害他。

老妈，大哥总派刁民来害我！

独孤伽罗相信了杨广的鬼话，更讨厌杨勇了，整天在隋文帝面前批评杨勇，夸赞杨广。

在独孤伽罗的撺掇下，隋文帝最终废掉了杨勇的太子之位，改让杨广做太子。

然而，让隋文帝没有想到的是，杨广竟然在他病重期间非礼他的宣华夫人。

这时，隋文帝才看清了杨广的真面目，所以非常后悔听从独孤伽罗的话，改立杨广为太子。想到这儿，他叹息道：

隋文帝想废掉杨广，再次让杨勇做太子，但杨广怎么可能给他这个机会呢？不久，隋文帝便不明不白地死掉了。

隋文帝死后，杨广顺利即位，他就是中国历史上有名的大暴君——隋炀（yáng）帝。

隋朝名人堂

隋文帝能一统天下，结束数百年的战乱，足以让他名垂青史。与此同时，他还是一位勤俭节约、勤政爱民的好皇帝，所以国家才会在短期内变得繁荣富强。可悲的是，他选错了接班人，以致毁掉了一手创建的王朝。

第九章 隋朝（下）：自掘坟墓

隋炀帝自带招骂体质，一提到他，大家就想破口大骂。为什么呢？因为他总喜欢干一些缺德事。

隋炀帝都干了哪些缺德事呢？实在太多了，说三天三夜也说不完，咱们只挑其中两件说。

一、 开凿大运河

开凿大运河不能完全说它是一件坏事，甚至从大的历史角度来看还是一件好事，因为它促进了南北经济、文化的交流与发展。

这怎么看都应该对隋炀帝竖大拇指吧？但是，如此浩大的工程却让数百万开凿运河的老百姓苦不堪言。

二、三征高句（gōu）丽

隋炀帝野心很大，不但逼高句丽臣服于自己，还让高句丽年年给他送礼。

一看对方不给面子，隋炀帝就立刻亲自带兵征讨高句丽。

为了征服高句丽，隋炀帝征调了数百万军民。一时间，运送粮草、器械的马车挤满了道路。制造战舰的工匠由于整天泡在水里，下半身都瘫痪了，过劳死的工匠更是不计其数。

当时，有一首民歌在全国大火，名叫《无向辽东浪死歌》。歌词说，与其到辽东攻打高句丽白白送死，还不如造反给官兵送人头。

让隋炀帝意想不到的是，三征高句丽都失败了。

隋炀帝都被打成这样，是不是应该消停了？不，他还想四征高句丽。

不过，后来因为老百姓造反，隋炀帝这才放弃征讨高句丽。

不打仗，隋炀帝便下江南了。出游期间，全国大乱，他却留在江南不走了。

隋炀帝不想回家，但士兵们想啊，因为他们的老婆、孩子都还在老家呢！于是，士兵们纷纷逃跑。

有个叫宇文化及的阴谋家见隋炀帝大失人心，便带领一帮人秘密煽动士兵造反。

隋炀帝预感到自己命不久矣，曾一边照镜子，一边说：

没过多久，宇文化及带领叛军起兵造反，并活捉了隋炀帝。

叛军本想一刀捅死隋炀帝，岂料隋炀帝却说，天子自有天子的死法，杀天子怎么能用刀呢？

最终，叛军把隋炀帝给勒死了。隋炀帝一死，延续了三十七年的隋朝结束了。

隋朝黑名单

隋炀帝一即位便大肆营建官殿，修建运河，并且频繁地对外发动战争，以致天下大乱。然而，就在天下大乱之际，他依然整天荒淫无度，醉生梦死，结果惨死于叛军之手，纯属咎由自取。

第十章 隋唐英雄（上）：瓦岗军起义

隋朝末年，有无数英雄崛起。比如，半路杀出的程咬金，后来成为门神的秦琼，一言不合就劝谏的魏征（zhēng），等等。

程咬金、秦琼、魏征虽然都是家喻户晓的大明星，但你知道吗？他们都曾给一个叫李密的人打过工。

起初，李密是个小人物。在隋炀帝还活着的时候，死党杨玄感曾拉他一起造反。

为了收拾隋军，李密向杨玄感献上了上、中、下三策，但杨玄感偏偏选择了下策，以致兵败身亡，就连李密也沦为阶下囚。

隋军打算把李密交给隋炀帝。一旦落到隋炀帝手里，李密肯定会被整死，于是李密趁隋军不备成功越狱。

逃跑后，李密打算将造反事业进行到底。眼下，他需要找个能够让他大展拳脚的舞台，去哪儿呢？他最终选择了改变他命运的福地——瓦岗寨。

在瓦岗寨，李密屡次带领瓦岗军大败隋军。

瓦岗寨的大当家翟让见李密很有领导天赋，便退位让贤，让李密做了大当家。

今后，这里归我管了！是龙你给我盘着，是虎你给我卧着！

在李密的领导下，瓦岗军迅速强大起来，程咬金、秦琼、魏征等人就是在此期间加入瓦岗军的。

今后，有我一口饭吃，就有你们一口饭！

果然是个好老板！

李密有一支由八千精兵组成的亲军，据说能抵得过百万大军，而程咬金、秦琼分别是这支亲军的统领之一。

强将手下无弱兵！

李

李密一跃成为起义军领袖，让翟让的手下十分眼红。于是，他们便怂恿翟让重新夺回大当家的宝座。

翟让是个没有什么野心的人，甘愿给李密当绿叶。但是，只要翟让还活着，李密就寝食难安，因为他总担心翟让夺位。

不久，李密便干了一件令人发指的事。他趁翟让不备，杀害了翟让及其手下。

翟让无端被杀，致使瓦岗军离心离德。很快，瓦岗军就被隋军端了老巢。李密被迫四处流亡，世上从此再无瓦岗军。

李密无处可去，只好跑到长安给刚刚建立唐朝的李渊打工。

后来，他想脱离李渊单飞，结果被李渊杀了。

瓦岗军被灭后，程咬金、秦琼、魏征等人都跑哪去了呢？

魏征投靠了李渊。程咬金、秦琼比较惨，被隋将王世充活捉。不过，王世充不但没杀他们，反而还给他们加官晋爵。

然而，程咬金和秦琼却发现王世充动不动就对天发誓，太不靠谱了，他们感觉跟着这样的人混没什么前途，便也投靠了李渊。

隋唐英雄传

作为瓦岗寨的大当家，李密手下不但聚集了程咬金、秦琼、魏征等一帮英雄豪杰，还坐拥几十万大军，可谓是威震天下。而作为起义军中的"扛把子"，他本来大有机会夺取天下，岂料他却为了巩固自己的地位对翟让痛下杀手，以致内部离心离德，进而被隋军打败，这才沦落到寄人篱下并且被杀的下场。这也恰恰应了一句话：出来混，迟早要还的！

第十一章　隋唐英雄（中）：太原起兵

李渊手下英雄如云，除了程咬金、秦琼、魏征，还有尉迟恭、李靖、房玄龄等人。

那么，李渊究竟是何方神圣竟然能让无数英雄心甘情愿地给他打工呢？他的身世说出来可能会让你大吃一惊——他是隋炀帝的大表哥。

低调，低调。

早在北周时期，李家便是国内数一数二的豪门。到了隋朝，李家又变成了炙手可热的皇亲国戚，而李渊的姨母就是皇后独孤伽罗。

朝里有人好做官，
宫里有人能逆天！

不过，隋炀帝可不怎么待见这个大表哥。可以毫不夸张地说，隋炀帝几乎天天盼着李渊出事。

隋炀帝为什么总盼着李渊出事呢？因为李渊在国内有威望，口碑好，而且人脉广，这让隋炀帝深深地感到李渊对他的皇位已经构成了威胁。

你活着浪费空气，死了浪费土地，不死不活浪费钱币！

为了避免隋炀帝对他下黑手，李渊连忙开启自黑模式。比如，整天喝花酒，收受贿赂。

感情深，一口闷！

为什么自黑能够自保呢？你想啊，一个整天花天酒地的人能有什么野心？所以说，只要不威胁到皇权，其他事对于隋炀帝而言都不是事。

不怕你有污点，就怕你没缺点！

后来，隋炀帝作死，搞得天下大乱，李渊索性在他的管辖地太原起兵造反，史称"**太原起兵**"。

事实上，李渊一开始并不想造反，但后来为什么又突然决定造反了呢？那是因为他着了二儿子李世民的道。

李世民是如何逼迫李渊造反的呢？他并没有明着来，而是选择"曲线救国"——从李渊的好兄弟裴寂那儿下手。

为了跟裴寂套近乎，李世民曾派人跟裴寂赌博，故意输给裴寂一大笔钱。

裴寂见李世民很会来事，便决定帮李世民给李渊下套。

裴寂故意让隋炀帝的宫女侍奉李渊。事后，裴寂才告诉李渊侍奉他的是隋炀帝的宫女。

我最相信的人却坑我最深！

紧接着，裴寂吓唬李渊说："皇帝要是知道你让他的宫女侍奉你，指定会宰了你，你还是赶紧造反保命吧！"李渊没办法，只好反了。

上了贼船，就跟贼走！

李渊虽然心不甘情不愿地反了，但他却能力超强，一口气杀到隋朝的都城大兴城，并轻松拿下大兴城。

阁下骨骼惊奇，天赋异禀，干啥啥行，不服不行！

其实，李渊能顺利拿下大兴城，女儿平阳公主也功不可没。

你不但是爸爸的贴心小棉袄，而且还是爸爸的贴身防弹衣！

平阳公主

李渊刚起义时，平阳公主独自一人便拉起了一支几万人的队伍。

老百姓都叫她"李娘子"，称她的军队为"**娘子军**"。"娘子军"这个词就是这么来的。

古有花木兰替父去从军，今有娘子军扛枪为人民！

娘子军

一提到"娘子军"，你是不是以为平阳公主的队伍里全是女人？其实，当时的娘子军里除了平阳公主是女人，其他全是糙汉子。

此外，今天的旅游胜地娘子关也与平阳公主有关，就是因为平阳公主曾镇守此地才改名娘子关的。

欢迎到娘子关打卡！

娘子关

李渊拿下大兴城之后直接立了一个傀儡皇帝，然后遥尊隋炀帝为太上皇。

恭喜你，你又升了一级！

不稀罕！

等隋炀帝被杀后，李渊将傀儡皇帝踢下台，自己做了皇帝。由于他以前的爵位是唐国公，所以定国号为"唐"。然后，他把大兴城改名为长安，并定都长安。大唐王朝就这么诞生了。

唐

我是李渊，我为大唐代言！

　　如果没有太原起兵，就没有后来的大唐王朝。但是，对于到底谁才是太原起兵的主谋，历来众说纷纭。有人说是李世民，也有人说是李渊。不管怎么说，李渊作为大唐王朝的开创者，对大唐王朝作出了巨大的贡献，这个是毋庸置疑的。

第十二章 隋唐英雄（下）：扫灭群雄

就在李渊称帝后不久，国内又冒出两个皇帝，一个是杀害隋炀帝的元凶宇文化及，另一个是独霸东都洛阳的王世充。

咱们先说宇文化及。

宇文化及杀害隋炀帝之后，又立了个新皇帝，然后带着新皇帝赶回老家。但由于人品太差，无论他走到哪儿都有人揍他。

走投无路之际，宇文化及认为，人早晚要离开这个世界，干吗不做一天皇帝呢？于是，他把新皇帝杀了，然后自己做了皇帝。

不过，宇文化及没什么能耐，没过多久就被人杀了。

至于王世充，他本来只是个镇守洛阳的将领，听说隋炀帝被杀后，跟宇文化及一样，先立个新皇帝，再杀害皇帝，自立为皇帝。

天若赐我辉煌，我必比天猖狂！

当时虽然英雄辈出，但能与李渊争夺天下的只有两个人，一个是王世充，另一个是雄踞河北的窦建德。

窦建德是什么人呢？他是百姓心目中的活菩萨。正是因为此人口碑好，所以老百姓都拥戴他。

只要口碑建得好，百姓把你捧成宝！

窦建德

为了消灭王世充和窦建德，李渊派出了战无不胜的李世民。

先收拾谁呢？李世民首先盯上了王世充。

王世充哪里是李世民的对手，很快被李世民团团包围。

里面的人听着，你们已经被包围了，请放下武器，立刻投降！

王世充没招了，连忙向窦建德求救。窦建德喜欢助人为乐，立刻率领大军去救人。

耗子睡猫窝——不知死活！

然而，让窦建德万万没有想到的是，他不但没能救出王世充，还把自己搭进去了。

伤不起，真的伤不起！

窦建德被生擒，王世充彻底绝望了，只好投降。

不久，窦建德被处死，王世充惨遭流放。

人比人，气死人！

不过，还没等王世充到达流放地，他就被仇人杀了。

很多人怀疑是李渊暗中派王世充的仇人杀害了王世充，为的是避免他日后东山再起。

斩草不除根，麻烦
将会找上门！

李世民一下除掉了两个大患，功劳大得连李渊都不知道该怎么封赏他了。最后，李渊一拍脑袋，创造了一个新职位——天策上将。

小贴士

天策上将的官究竟有多大呢？仅次于皇帝和太子，而且整个唐朝只有李世民一人曾荣获此称号。

古往今来，打遍天下神人；
天上地下，唯我一人称尊！

李世民的风头俨然盖过了太子李建成。

李建成担心李世民会威胁到自己的太子之位，于是放着安逸的生活不过，非要出去打打杀杀，挣点军功。

李建成是个打仗的能手，一上去便打了几场胜仗，上了几次头条。

在李世民、李建成等人的辅佐下，李渊最终扫灭群雄，一统天下。

隋唐黑名单

隋唐时期，不但盛产像程咬金、秦琼这类的大英雄，还盛产像宇文化及、王世充这样的人。宇文化及、王世充等人不仅才华有限，而且还冒天下之大不韪，弑君篡位，虽然一时侥幸成了气候，却不能长久，所以最终不免落得个身死国灭的下场。

第十三章　唐朝（一）：皇位之争

唐高祖李渊在夺得天下之后非常高兴。

好嗨哟，感觉人生已经到达了巅峰！

不过，没过几年，李渊就笑不出来了，因为太子李建成和秦王李世民为了争夺皇位整天钩心斗角。

为了争夺皇位，李建成和李世民各自培养了自己的势力。

李建成派系里面有两个重要人物，一个是齐王李元吉，一个是魏征。

李世民派系里个个都是名人，比如程咬金、秦琼、尉迟恭、长孙无忌等。

为了压李世民一头，李建成还将李渊的妃子们拉入他的阵营。她们动不动就在李渊面前诋毁李世民，搞得李渊很不待见李世民。

　　更歹毒的是，李建成曾叫李世民到他家吃饭，并趁机在酒中下毒。李世民喝完毒酒后吐了好多血。

蹭饭有风险呀！

　　不过，关于李世民中毒一事，有人怀疑是李世民自己给自己下的毒，为的是陷害李建成。

太子，你是谋害秦王的元凶吗？

我不是！我没有！别瞎说！

　　李渊没想到两个儿子的矛盾竟然已经激化到玩命的地步了！为了化解矛盾，李渊有意把李世民调出长安，让他镇守洛阳。

洛阳十年游，你值得拥有！

　　然而，李建成和李元吉却不乐意让李世民镇守洛阳。为什么呢？因为李世民战无不胜，一旦放他离开，等同于纵虎归山，后患无穷。相反，如果把他留在京城，收拾他就容易多了。

于是，李建成和李元吉轮番派人做李渊的思想工作，还向李渊撒谎说，李世民的手下听说要去洛阳嘴都笑歪了，而且他们以后肯定不回来了。

李世民本来挺乐意移居洛阳，但李渊却突然打消了让他镇守洛阳的念头。

在打压李世民的同时，李建成和李元吉还不忘从李世民的旧部里挖人。

就拿尉迟恭来说吧，李建成和李元吉为了挖他，给他送了一车金银珠宝。不过，尉迟恭不但没有被收买，反而还挤对他们说："秦王那么器重我，我要是跟了你们，岂不是忘恩负义？你们要这样的人有个屁用。"

> 狐狸没逮到，
> 反惹一身骚！

不久，恼羞成怒的李元吉便派人去刺杀尉迟恭。

尉迟恭反倒打开房门，坐等刺客来杀。不料刺客是个草包，压根不敢进门。

> 当刺客这么多年，还从来没碰到过这么嚣张的主儿！

嚣张之王

不除掉李世民，李建成和李元吉绝不肯罢休。很快，他们找到了一个绝佳的机会。

> 正愁没机会，
> 机会来了。

wanted

有一次，突厥到中原叫阵，李元吉奉命前去迎战。李建成和李元吉打算在李世民为李元吉饯行时杀掉李世民，然后对外声称李世民是暴病而亡。

再不反击就要完蛋，命悬一线的李世民又岂会坐以待毙！于是，一场血腥的政变即将爆发。

大唐观察室

当初打天下时，李渊曾许诺让二儿子李世民做太子。然而等到建立大唐后，李渊却食言让大儿子李建成做了太子。李世民为大唐立下赫赫战功，自然不甘心只做个王。所以，只要李世民还活着，对李建成来说始终是个威胁，因此李建成恨不得除之而后快，一场不是你死就是我亡的皇位之争也就在所难免了。

第十四章　唐朝（二）：玄武门之变

听说太子李建成和齐王李元吉打算谋害自己，秦王李世民决定先下手除掉他们。但是，如何才能除掉他们呢？李世民暗中与幕僚策划了震惊天下的**"玄武门之变"**。

在发动玄武门之变的前一天，李世民特意向李渊告了李建成和李元吉一状，说他们不但给李渊戴了绿帽子，还打算谋害自己。

这差点把李渊气死。李渊决定第二天上班时审问这两个不孝子。

老爸莫生气，气出病来无人替！

李世民告状的事不知道怎么被张婕妤探听到了，她连忙向李建成通风报信。李元吉猜到李世民将会对他们不利，便建议李建成请病假，不去上班，但李建成却不听。

人生没有彩排，生命不能重来，慎重啊！

慎重

明知山有虎，我偏向虎山行！

第二天，起得比鸡还早的李世民率领自己的部下埋伏在玄武门附近，就等着李建成、李元吉二人前来。

敌人还有五秒到达现场，请做好战斗准备！

玄武门

一大早，李建成和李元吉走到玄武门附近时，发现情况不妙，掉头就跑。此时，埋伏在暗处的李世民追了上去，一箭射杀了李建成。

用我的弓箭送你一程！

李元吉也没好到哪里去，在逃跑的过程中，被尉迟恭的部下射中，从马上跌下来。

继续跑啊，怎么不跑了？

这时发生了一个小插曲。李世民的坐骑在混乱中受到惊吓，发疯似的冲向旁边的树林，致使他从马上摔下，一时间无法动弹。

李元吉突然蹿出，从李世民手中夺过弓箭，企图勒死他。

拿命来！

就在这危急关头，尉迟恭大喝一声，吓跑了李元吉。

李元吉本想跑到李渊那里寻求庇护，结果没跑多远，就被尉迟恭射杀。

话说，在玄武门之变期间，李渊在干吗呢？他正跟大臣们在湖上游玩。当身披铠甲、手握长矛的尉迟恭率领大批甲士去见他时，他才知道出事了。

李渊的第一反应是，有人反了！他问尉迟恭："是谁造反？"尉迟恭撒谎说："是太子和齐王要造反，已经被秦王干掉了。"

李渊心里清楚，一定是秦王发动政变杀害了太子和齐王。但生米已经煮成熟饭，又能怎样呢？不久，他被迫封李世民为太子，又将皇位传给了李世民。李世民终于得到了梦寐以求的皇位，而他就是历史上赫赫有名的"唐太宗"。

大唐名人堂

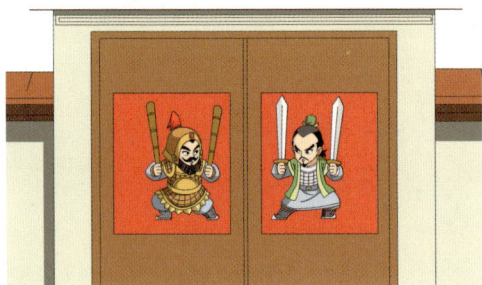

过年的时候，中国人都喜欢贴门神。如果你细心观察一定会发现，这些门神中就有秦琼和尉迟恭的身影。那么问题来了，他们为什么能成为门神呢？据说是因为李世民杀戮过重，经常做噩梦，并且时常听到官门外有鬼魅吼叫。秦琼与尉迟恭一生杀敌无数，连鬼神见了都害怕，他们便自告奋勇替李世民把守官门。从那以后，李世民夜夜睡到自然醒。不过，却苦了夜夜站岗的秦琼与尉迟恭。李世民于心不忍，便想到一个妙招：将他们的画像贴到门上。这样依然可以起到驱邪避鬼的作用，两人就这么意外地成了门神。

第十五章 唐朝（三）：贞观之治

唐太宗李世民是一个热爱工作的好皇帝，在位期间开创了一个辉煌的盛世。由于他的年号为"贞观"，因此这一时期被称为"**贞观之治**"。

唐太宗领导下的大唐王朝究竟有多厉害呢？"四夷"君长共赴长安，尊称他为"天可汗"。即便是在世界范围内来看，大唐王朝也是妥妥的"世界一哥"。

世界一哥

当时，很多外国人来大唐学习文化知识，尤其是大唐的铁杆粉丝——日本，三天两头派遣使者到大唐学习。

来啊，蹭课啊，反正有大把头发！

阿倍仲麻吕

说到这儿，你是不是很好奇，唐太宗凭什么能开创一个彪炳千古的盛世呢？因为他有三大优点：

一、以人为鉴

唐太宗有一个现成的反面教材，就是暴君隋炀帝。凡是隋炀帝做过的坏事，唐太宗都会避开，他勤于政务，立志成为一位不错的皇帝。

反面教材挑得好，李唐江山倒不了！

唐太宗

二、选贤任能

　　想要治理好一个庞大的国家，没有人才可不行。为了网罗人才，唐太宗频繁颁布求贤令，举办科举考试。

　　更值得点赞的是，唐太宗连仇人也重用。

　　你还记得李建成的心腹魏征吗？当年，魏征没少帮李建成刁难唐太宗。李建成被杀后，唐太宗立刻抓了魏征。

　　唐太宗质问魏征："为什么要挑拨我们兄弟之间的感情？"魏征不屑地说："假如当初太子听我的，你现在岂能当皇帝？"

看在你长得丑的分上，就当你说得对吧！

要是其他皇帝，早把魏征拉出去杀五百次了。然而，唐太宗不但没杀他，反而还重用了他。

这结局令我意外！

三、从谏如流

在中国历史上，恐怕很难找到比唐太宗更从谏如流的帝王了，他与魏征之间的故事还被传为千古佳话。

"大唐第一杠精"非你莫属！

不过，唐太宗再怎么从谏如流，也顶不住魏征天天搞得他下不来台。

有一次，魏征把唐太宗气得半死。唐太宗气呼呼地对皇后说："我迟早要杀了那个乡巴佬。"

魏征虽然跟唐太宗天天"抬杠"，但所言及的都是利国利民、造福百姓的大事，所以唐太宗仍然十分器重他。

小贴士

魏征去世时，唐太宗悲痛地说："以铜为镜，可以正衣冠；以史为镜，可以知兴替；以人为镜，可以明得失。我常保此三镜，以防犯错。如今，魏征去世，我等于失去了一面镜子！"

怎么说走就走呢!

与越王勾践、汉高祖刘邦不同的是，唐太宗是一个非常懂得感恩的人。

一生兄弟一生情，一生有你们才会赢!

独家爆料台

　　很多人都知道唐太宗器重魏征，但你知道唐太宗曾经派人砸毁过魏征的墓碑吗？唐太宗为什么要这么干呢？原来，魏征曾经给唐太宗推荐过两个人才，结果一个因为犯罪被贬，一个因为谋反被杀。更让唐太宗气愤的是，魏征曾把他的奏章拿给史官看。唐太宗认为魏征这是想往自己脸上贴金，让后人看他笑话，所以一气之下砸毁了魏征的墓碑，并取消了公主与他儿子的婚约。不过，唐太宗后来想想有些后悔，又重新为魏征立了碑。

第十六章　唐朝（四）：二子夺位

当初，倘若李渊有能耐解决李建成与李世民之间的矛盾，李世民也不至于发动"玄武门之变"杀害自己的两个兄弟并逼他退位。当唐太宗面对同样的传位难题时，作为过来人的他能否吸取血的教训，比他爸做得更好呢？答案是否定的。

糊涂账好算，
家务事难断！

究竟是谁给唐太宗出的难题呢？太子李承乾和魏王李泰。

李承乾，大唐版"扶不起的阿斗"。他是个"校霸"，他的老师经常被他欺负。更嚣张的是，就因为老师曾批评过他几句，他就派人刺杀老师。

李泰，城府很深，而且是个文艺青年。唐太宗对他的溺爱远远超过了太子，这也让李泰生出了争夺皇位的野心。

李承乾担心会被李泰抢走太子之位，曾派杀手去刺杀李泰。不过，杀手的业务能力不太行，所以没成功。

李承乾斗不过李泰，结果脑子抽筋，竟打起了他爸的主意。他想模仿他爸当年的操作，发动政变，夺取皇位。

可惜，李承乾还没动手就走漏了消息。唐太宗气呼呼地将他从万众瞩目的太子贬为百姓。

紧接着，李泰成了太子的热门人选。就在李泰坐等当太子的时候，突然杀出一匹"黑马"挡了他的道。这匹"黑马"就是他的弟弟——晋王李治。

大家好，我是黑马王子！

李治

为了做太子，李泰整天忽悠唐太宗。其间，他曾说如果将来自己能做皇帝，等他百年之后，一定杀了自己的儿子，传位给弟弟李治。

这种鬼话，谁会相信？但由于太过宠溺李泰，唐太宗偏偏信了。

你儿子的话，我一个字都不信！

当唐太宗向大臣夸赞李泰仁孝的时候，一位大臣拆穿了李泰的谎言。

杀死自己的儿子传位给弟弟，这是人话吗？

此外，为了防止李治抢皇位，李泰动不动就恐吓他。这件事很快让唐太宗知道了，李泰多年来在他心目中建立起来的孝子形象瞬间崩塌。

知道真相的我
眼泪掉下来！

与此同时，李承乾还向唐太宗告了李泰一状，说："我已经贵为太子，坐等即位不就行了吗，为什么还要冒死造反呢？还不是被李泰逼的！你要是立李泰为太子，就等于中了他的圈套。"

冤

这下，老天给唐太宗出了一道选择题：如果立李泰为太子，李承乾和李治都不得善终；如果立李治为太子，李承乾和李泰也许还可以活命。考虑再三，唐太宗最终还是选择让李治做太子。与此同时，李泰被降为郡王。

不争不抢，上天
自有奖赏！

晚年时期的唐太宗时常生病，为了治病，他变成了自己最讨厌的那种人。

他讨厌什么人呢？炼制长生不老药的人。据说，他就是因为吃了长生不老药才死的。

大唐名人堂

在中国历史上，像汉高祖刘邦一样豁达的帝王不少，像魏武帝曹操一样神武的帝王也不少，但两者兼备的帝王就屈指可数了，而唐太宗算得上一个。在隋朝末年，他战必胜，攻必克，一举扫灭群雄。在贞观年间，他知人善任，从谏如流，开创了"贞观之治"。这种文武双全的千古明君，打着灯笼也找不到几个。

第十七章 唐朝（五）：初入皇宫

中国历史上一共出现过四五百位皇帝，但女皇帝却只有一个，她就是武则天。

据说，在武则天很小的时候，有个叫袁天纲的算命先生就已算出她将来会做皇帝。

那天，袁天纲到武家串门。他一见到武则天的妈妈杨夫人，职业病就犯了，立刻给杨夫人算了一卦。

杨夫人乐坏了，连忙将武则天的两个哥哥叫来，让袁天纲给他们算上一算。袁天纲看了看他们，却不屑地说：

随后，杨夫人又把武则天的姐姐叫来，袁天纲却说：

当时，武则天还小，穿着男装，杨夫人让袁天纲替她算一算。
袁天纲让武则天走两步，等武则天走完，他惊呼道：

果然，这个注定要当皇帝的女人还未成年便开始了她传奇的一生。

是时候展示传奇的人生了!

在武则天十四岁时，唐太宗听说她长得貌美如花，便让她进宫做了才人。

不求门当户对，但求感觉到位!

杨夫人听说唐太宗要让武则天进宫，差点哭晕在厕所。武则天却安慰了她一番。

你怎么知道嫁给皇帝不是一件好事呢？

事实上，婚后的生活远没有武则天想象中那么美好，因为她在宫中待了十二年却一直不受宠。

男怕入错行，
女怕嫁错郎！

皇帝不值得托付，在唐太宗病重期间，武则天便与太子李治暗生情愫。

嫁鸡随鸡，嫁狗随狗，嫁给老皇帝，得留一手！

唐太宗驾崩后，李治做了皇帝，史称"唐高宗"。由于武则天没有为唐太宗生下一儿半女，所以被送进感业寺，当了尼姑。

感业寺

我难道要做一辈子尼姑吗？

武则天

做了尼姑，再想翻盘，那比登天还难。但武则天偏偏运气爆棚，在感业寺碰上了前来给唐太宗上香的唐高宗。这一见面，两人再次坠入爱河。

虽然唐高宗很想娶武则天，但是武则天在名义上却是他妈，所以他不好意思这么干。那么，武则天后来为什么又能嫁给唐高宗呢？还要感谢一个爱吃醋的女人——王皇后。

当时，萧淑妃备受宠幸。王皇后知道唐高宗喜欢武则天，为了与萧淑妃争宠，便想方设法把武则天从感业寺里捞出来，送到了唐高宗身边。

自从武则天进了宫，唐高宗整天被她迷得神魂颠倒。萧淑妃果然如王皇后所愿失宠了，但王皇后并没有因此而受宠，反而还给自己找了一个更加强大的对手。

为了对付武则天，王皇后与萧淑妃竟握手言和，并且联合起来对付武则天。

不过，不管王皇后与萧淑妃如何说武则天的坏话，唐高宗就是不搭理她们。

当武则天集万千宠爱于一身的时候，她开始觊觎皇后之位，一场没有硝烟的战争即将在后宫爆发。

皇后之位，我坐定了！

大唐启示录

俗话说，智者善于把握机会，强者善于创造机会。武则天就属于后者。如果不是她在感业寺与唐高宗"巧遇"，唐高宗也许不会想起她，王皇后更不可能把她召进皇宫。也恰恰是这些人为创造的机会，才使得武则天最终绝处逢生。

第十八章　唐朝（六）：血洗后宫

一个皇帝通常只有一个皇后，就像一个萝卜一个坑一样。当时，皇后的位子让王皇后给占了，武则天想当皇后，唯有把王皇后拉下马。

面对疾风吧！

如何才能把王皇后拉下马呢？相传，武则天干了一件丧心病狂的事：她把刚出生不久的女儿掐死在襁褓中，然后诬陷是王皇后干的。

世界残酷 充满套路

小贴士

"武则天杀女"一事虽然在正史中有记载，但可信吗？不怎么可信。因为当时武则天宠冠后宫，她没必要这么做。再说了，后来王皇后被废与小公主之死也毫无关系。那么，小公主是怎么死的呢？应当如《唐会要》中所记载的，是突然病死的。

我经得起多少诋毁，就担得起多少赞美！

就在武则天想尽办法扳倒王皇后的时候，王皇后却搬起石头砸了自己的脚。她用巫术诅咒武则天，不料被唐高宗发现，这让唐高宗找到了废掉她的理由。

她铁匠被锁——
自食其果!

眼看武则天就要如愿做皇后,不料半路杀出个长孙无忌。

小贴士

长孙无忌为什么有这么大的能量竟能阻止皇帝册封皇后呢?因为他是皇帝的亲舅舅,并且权倾朝野。他不点头,武则天想做皇后几乎没戏,但他偏偏不赞同让武则天做皇后。

皇上夹菜你转桌,皇上发言
你唠嗑,皇上开门你上车,
没见过你这么不懂事的!

长孙无忌

为了讨好长孙无忌,唐高宗不但赏了长孙无忌十车金银珠宝,还给他的三个儿子升职加薪,但他就是不吃这一套。

就在事情陷入僵局的时候，一个即将被长孙无忌贬到外地做官的小人物跳了出来，公开支持武则天做皇后。紧接着，一帮见风使舵的小人也纷纷跟风，支持武则天做皇后。

唐高宗见有一帮人支持武则天，也不再看长孙无忌的脸色，强行把王皇后给废了，然后让武则天做了皇后。

王皇后被废后，唐高宗将她与萧淑妃囚禁在冷清的别院之中。

有一天，唐高宗突然想起王皇后和萧淑妃，便去看望她们。没想到她们过得老惨了，一时间心生怜悯，便想还她们自由。

可惜，这事让武则天知道了。为防止她们逆风翻盘，武则天将她们全杀了。

王皇后与萧淑妃死后，还有没有人敢跟武则天争宠呢？有，而且有两个，并且都是她的亲人：一个是她的姐姐韩国夫人；一个是她姐姐的女儿魏国夫人。

韩国夫人是个寡妇，由于沾了武则天的光，才能自由出入皇宫，没想到她却跟唐高宗好上了。

韩国夫人去世后，她女儿被封为魏国夫人，唐高宗甚至想封她为妃。

武则天忍无可忍，把魏国夫人给毒死了。

后宫没有亲情可言！

你是个比狼人更狠一"点"的狼人！

从此以后，再也没人敢跟武则天争宠了。

常在后宫走，至今没对手！

武则天是一个很记仇的人。当初反对她当皇后的长孙无忌是什么下场呢？先是被逼自杀，死后还被抄家。

不能因为有过节，你就拿我当节过！

从此以后，再也没人能威胁到武则天的地位了。

后宫生存指南

从武则天除掉王皇后、萧淑妃、魏国夫人等一系列事件来看，武则天是一个极其精通权术并且为达目的不择手段的人。同时，她还是一个有仇必报、容不下反对者的人。但也恰恰是这种超乎寻常女性的性格与智慧，才让她在后宫得以站稳脚跟。

第十九章 唐朝（七）：女皇登基

作为皇后，武则天不但喜欢干涉朝政，还处处压唐高宗一头，这让唐高宗十分不爽。唐高宗一咬牙，一跺脚，决定废了她。

武则天听说唐高宗打算废了自己，便一哭二闹三上吊。

武则天一哭闹，唐高宗顿时改变了主意。

　　说起来，唐高宗的"求生欲"还是挺强烈的。他担心武则天记恨他，便让宰相上官仪替他背锅，说是上官仪怂恿他废掉武则天的。

　　武则天是什么样的人？一个睚眦必报的主！不久，她便将上官仪杀了。从此以后，唐高宗再也降不住武则天了。

亲爱的，今后要好好地做个"妻管严"噢！

武则天每天跟唐高宗一起上下班，国家的大小事务几乎全由武则天来决断，武则天此时跟皇帝没什么区别。由于唐朝人称皇帝为"圣人"，所以他们夫妻被称为"二圣"。

男女搭配，干活不累！

唐高宗是个病秧子，身体一直不好，五十多岁时便驾崩了。

唐高宗一死，武则天便动了当皇帝的念头。那么，作为女人的她是如何一步步登上皇位的呢？她干了四件事：

一、控制新皇帝

唐高宗死后，武则天的儿子李显继承了皇位。不过，大权仍然掌握在武则天手里。

听妈妈的话，别让她受伤！

李显

李显不想做妈妈的乖宝宝，更不想做妈妈的傀儡。于是，武则天毫不留情地废了他。

来自亲妈的打击最为致命！

随后，武则天将她的乖儿子李旦扶上了皇位。为了防止李旦不听话，武则天直接将他软禁起来。

我几乎是个废人了！

李旦

二、打压异己

武则天想当皇帝，李唐皇室和他们的拥趸肯定不答应，咋整呢？武则天豢养了一批酷吏，看谁跟自己作对，就让这帮酷吏将他们朝死里整。

> 看是你的骨头硬还是我的皮鞭硬！

你听说过神探狄仁杰吗？就连狄仁杰曾经也差点死在这帮酷吏手里。

> 今天，我要让你见识一下是我们酷吏擅长断案，还是你狄仁杰擅长断案！

在武则天冷酷无情的打压下，李唐皇室及其拥趸被屠戮殆尽，甚至还有不少无辜者躺着中枪。

> 宁可错杀一千，也不让一人漏网！

三、制造祥瑞

古人比较迷信，一个人想当皇帝，必须得有天命。如何证明自己有天命呢？最好的办法就是制造祥瑞。

武则天的侄子曾派人偷偷在石头上刻上"圣母临人，永昌帝业"八个字，谎称是从洛水中打捞出来的。

当时，武则天有个男朋友叫薛怀义。这薛怀义是个假和尚，曾带领一帮和尚利用佛经证明武则天是弥勒佛转世。

四、制造民意

光有天命还不行，还得受民众拥戴，如何才能证明武则天受民众拥戴呢？大臣们雇了数万名群众演员恳求武则天称帝，就连李旦也不得不友情出演，恳求武则天称帝。

不久，顺应天意、合乎民心的武则天顺利登基称帝，并将国号改为"周"，史称"**武周王朝**"。中国历史上唯一一位正统的女皇帝就这么诞生了。

武周观察室

　　武则天能够当皇帝，既是一种偶然，也是一种必然。为什么这么说呢？因为如果不是唐高宗生性懦弱并且经常生病，武则天也不可能参与朝政，更不可能独揽大权。在唐高宗生前，武则天俨然就是半个皇帝。唐高宗一死，国内无人能与武则天抗衡，武则天想称帝自然也没人能够拦得住了。

第二十章　唐朝（八）：神龙政变

作为女皇帝的武则天，碰到了一个男皇帝不会碰到的难题：将来是将皇位传给儿子呢，还是传给侄子呢？

很多人可能会说，这算什么难题？当然是毫不犹豫地传给儿子了。事实上，这事可没有那么简单。因为武则天如果将皇位传给儿子，未来这天下还得姓李，她辛辛苦苦建立的武周王朝就会灭亡。

传位给侄子就不一样了，这天下今后依然姓"武"，武周王朝还能延续下去。

难道将皇位传给儿子就没有好处了吗？当然不是，至少从血缘关系上来讲，儿子比侄子亲。

但是，如果将皇位传给侄子，侄子一定会将自己爹妈的牌位供奉在太庙中，又岂会将姑姑的牌位供奉在太庙中？

面对这种棘手的难题，武则天将如何选择呢？最终，母爱战胜了一切，她选择了儿子。

解决完继承人问题之后，武则天开始放飞自我。她交了两个高颜值的男朋友，一个叫张易之，一个叫张昌宗，这两个大帅哥还是亲兄弟。

晚年，武则天疾病缠身，对朝廷的控制力急剧下降，便让张易之、张昌宗充当自己的耳目，监视百官。

　　张易之、张昌宗两兄弟都不是什么好人，一有机会便四处惹是生非，甚至威胁到了李显的太子之位。

　　宰相张柬之等人担心会发生变故，便暗中策划了一场政变，打算逼迫武则天退位。

　　趁武则天不备，张柬之等人带兵冲进皇宫，杀死了张易之、张昌宗，然后将武则天居住的宫殿重重包围。

此时，不可一世的武则天已无还手之力，只好无奈地将皇位提前传给儿子李显，史称"**神龙政变**"。仅仅延续了十五年的武周王朝宣告灭亡，大唐王朝正式复国。

李显即位后，尊武则天为"则天大圣皇帝"，这就是后人都叫她"武则天"的原因。

小贴士

你是不是很好奇，武则天的真名叫什么？很遗憾，今天已经没有人知道了。不过，她曾给自己取过一个非常霸气的名字，叫"武曌（zhào）"。曌，是武则天为自己造的一个字，意思是日月当空，普照大地。

实不相瞒，我取这个名字就是想上天，跟太阳、月亮肩并肩！

空

被迫退位后，武则天十分郁闷，不到一年便去世了。

武则天虽然去世了，却给后人留下了一个谜团：她在唐高宗的述圣纪碑上写满了字，为什么却给自己留下一块无字碑呢？

这是一道送分题！

你怕不是对送分题有什么误解吧？

李治8^!
%^$%8
$^*^[*8!
%^8$18
_%$[$!

古代人

武则天究竟是什么意思呢？有三种猜测：一、武则天认为自己的功劳大到无法用文字形容，所以干脆一个字都不写；二、武则天自认为罪孽深重，所以没脸写；三、武则天认为自己有功也有过，至于如何评价，不如交给后人评说。

你是给我一个五星好评呢，还是给我一个五星好评呢？

大唐名人堂

纵观武则天的一生，她干过不少让人抱怨的事，比如重用酷吏、滥杀无辜、大开告密之风；她也干过不少让人称赞的事，比如整顿吏治、广开言路。从整体来看，作为中国历史上唯一一位女皇帝，她治国的能力及做出的功绩不输很多男皇帝。

第二十一章 唐朝（九）：母女乱政

唐中宗李显是个好男人，好到什么地步呢？好到没有自己的原则。

很多年前，唐中宗被武则天废掉后赶出了京城。老婆韦皇后陪他吃尽苦头，他发誓，如果哪天他当了皇帝，准许韦皇后为所欲为。

唐中宗再次做了皇帝之后，立刻兑现了当初的诺言。即便韦皇后整天在外面跟其他男人鬼混，唐中宗也睁一只眼闭一只眼。

怎么忍心怪你犯了错，是我给你自由过了火！

更令人吃惊的是，韦皇后竟然还想效仿婆婆武则天做女皇帝。

读书不多，想的不少！

事实上，不仅韦皇后想做女皇帝，她与唐中宗的亲闺女、号称"大唐第一美女"的安乐公主也想做女皇帝。

"美"就一个字，跟随我一辈子！

安乐公主

安乐公主十分刁蛮任性，曾经劝唐中宗让她做皇太女。

小贴士

什么是皇太女呢？这是相对于皇太子而言的。他们都是皇帝的正式继承人，只不过皇太子是男性，而皇太女是女性。

有一个姑娘，她有一些任性，她还有一些嚣张！

我就是这个姑娘！

别看安乐公主没什么才智，但靠唐中宗也做到了权倾朝野，而且宰相以下的官员大多是她的党羽。

我就服你！

为了实现女皇梦，韦皇后与安乐公主经常鼓动唐中宗废掉太子。就因为这事，她们还把太子给逼反了。太子先是杀死了安乐公主的丈夫及家人，然后又冲进皇宫准备杀掉安乐公主和韦皇后，可惜没有成功，最后兵败被杀。

为了尽快实现女皇梦，韦皇后和安乐公主竟然合伙干了一件无法无天的事：把唐中宗给毒死了！

小贴士

唐中宗到底是不是被韦皇后和安乐公主毒死的呢？目前存在很大争议。虽然正史中明确记载唐中宗是被她们毒死的，但真相可能并非如此。为什么这么说呢？原因有两个：一、当时，李唐皇室的势力还很强大，韦皇后和安乐公主如果真想做女皇帝，最明智的选择是先借唐中宗之手除掉李唐皇室中的反对派，提前将唐中宗毒死，不是自毁长城吗？二、韦皇后和安乐公主死时都被厚葬。如果唐中宗真是被她们毒死的，她们又岂能享受到如此待遇？因此，唐中宗很有可能是病死的。至于为什么会被说成是韦皇后和安乐公主毒死的，很可能是她们的敌人为除掉她们故意往她们身上泼脏水。

老妈，我们被人泼脏水了！

他们是嫌我们还不够脏吗？

　　唐中宗死后，韦皇后和安乐公主有没有如愿以偿地成为女皇帝呢？并没有。那么，谁做了皇帝呢？唐中宗的四儿子。不过，大权却掌握在韦皇后手中。

先拿你过渡一下！

　　韦皇后做梦都想做女皇帝，她手下有一帮跳梁小丑比她还着急，纷纷劝她早日登基称帝。不过他们心里清楚，韦皇后想要称帝，必须除掉两个拦路虎，一个是武则天的儿子李旦，另一个是武则天的女儿太平公主。

不杀拦路虎，甭想做女主！

大臣

你还记得李旦吗？他曾在哥哥唐中宗被废时做过一段时间的皇帝。后来武则天做了皇帝，李旦被降为皇嗣，不久，李旦又请求让位于唐中宗，唐中宗才有机会再次即位。

唉，我的一生总是十分被动！

太平公主是一个非常厉害的角色，完全遗传了武则天强大的基因。

本人不矫揉，不造作，不懦弱，怎么骄傲怎么活！

就在韦皇后一伙密谋除掉李旦与太平公主的时候，李旦的三儿子李隆基决定联合太平公主发动一场政变，除掉韦皇后母女。双方都想除掉对方，一场惊心动魄的厮杀在所难免。

迷雾小剧场

　　虽然韦皇后和安乐公主都想效仿武则天做女皇帝，但是她们拥有跟武则天媲美的实力吗？咱们来分析一下：武则天在称帝前曾做过二十八年皇后、六年皇太后，并且在这三十四年中，她大多时候都如同皇帝一般，文武百官也都对她服服帖帖。而韦皇后仅仅做了五年皇后，安乐公主不过是一个刁蛮的公主，她们在朝中可以说毫无根基可言。无论是从才智还是威望上来说，韦皇后母女与武则天都有天壤之别，所以她们想做女皇帝比登天还难。

第二十二章　唐朝（十）：姑侄斗法

为了诛杀韦皇后和安乐公主，李隆基与太平公主悄悄策划了一场针对二人的斩首行动。

> 高手从不轻易出手，一出手就结束战斗！
>
> 李隆基　太平公主

行动前，李隆基跟小伙伴钟绍京约定，要把他家当成政变的临时指挥中心。然而，就在行动的当晚，当李隆基带着大伙儿到钟家会合时，钟绍京却因为害怕突然变卦，不让大家进门。

就在李隆基急得跟热锅上的蚂蚁时，钟绍京的老婆突然站了出来，将钟绍京数落一番。

钟绍京顿时醍醐灌顶，连忙打开门，将大伙儿请入家中。

随后，在李隆基的指挥下，大伙儿冲进皇宫，顺利除掉了韦皇后和安乐公主。这事被称为"**唐隆政变**"。

英雄一亮剑，
反派全完蛋！

紧接着，太平公主废了皇帝，然后拥立李隆基的爸爸李旦为皇帝。李旦二次称帝，史称"唐睿宗"。

男人一辈子做两次皇帝，
每次都有新感觉！

唐睿宗

按照嫡长子继承制，本该由嫡长子做太子，轮不到排行老三的李隆基当太子。但是，由于李隆基诛杀韦皇后母女的功劳实在太大了，所以被破格立为太子。

命运三分天注定，
七分靠打拼！

由于太平公主有拥立之功，所以唐睿宗对她感恩戴德，甚至百依百顺，以至于她的权势甚至超过了唐睿宗。

太平公主权倾朝野，连皇帝都不怕，却唯独忌惮太子李隆基。为什么呢？因为李隆基太优秀了。如果让李隆基顺利即位，她将来怎么权倾朝野？所以，她想扳倒李隆基，然后找一个容易控制的人当太子。

为了扳倒李隆基，太平公主干了三件事：

一、散布谣言

太平公主买通大批记者，铺天盖地地宣扬李隆基不配当太子，因为他不是嫡长子。

好在有唐睿宗为李隆基撑腰，谣言才得以平息。

二、暗示宰相改立太子

太平公主曾在光天化日之下拦住宰相们，暗示他们另立太子。
可惜，宰相们跟太平公主不是一个鼻孔出气，所以没有听她的。

三、指使星象大师忽悠唐睿宗

太平公主让星象大师忽悠唐睿宗，说："你有没有发现最近天上多了一颗彗星？这说明什么？说明太子将要登基称帝！你要是不赶紧收拾太子，你马上就会完蛋！"

哪承想唐睿宗却说："既然老天都表态了，那我就顺应天意退休吧。"然后将皇位传给了李隆基。李隆基就是历史上大名鼎鼎的唐玄宗。

太平公主得知自己弄巧成拙，想死的心都有了。

虽然唐玄宗已经即位，但是太平公主仍不肯罢休。她决定孤注一掷，发动一场政变，杀掉唐玄宗。

　　唐玄宗可不是那么好欺负的，还没等太平公主发难，他就带人端了太平公主的老巢，然后将太平公主赐死于家中。

太平公主不但多谋善断，而且极具政治头脑，可以说得到了武则天的真传。对此，武则天也曾坦言，太平公主很像她。从武则天晚年开始，一直到太平公主去世为止，其间凡是大的政治斗争，几乎都能看到太平公主的身影。像她这么优秀的人，本该灿烂地过一生，但可惜权力欲望太强，又偏偏碰到一个更为强悍的对手，所以注定会有一个悲惨的结局。

第二十三章　唐朝（十一）：开元盛世

除掉太平公主之后，再也没有人能对唐玄宗的地位构成威胁了。于是，他开始专心搞事业。

不吃饭，不睡觉，一心要把事业搞！

大唐王朝在唐玄宗的治理下迅速进入一个繁荣昌盛的时代，史称"开元盛世"。在大唐建国近三百年间没有一个时代能超越它。

创新业绩你我他，辉煌成就靠大家！

开元盛世

大臣　大臣

　　唐玄宗干出在唐朝堪称"前无古人、后无来者"的辉煌业绩之后，就变得有些骄傲了，不再像以前一样爱岗敬业，一天到晚净想着谈情说爱。

我要谈恋爱，谈到世界充满爱！

　　你听说过唐玄宗与杨贵妃的爱情故事吗？是不是以为唐玄宗独宠杨贵妃一人？事实上，唐玄宗与杨贵妃不过是半路夫妻。唐玄宗起初最宠爱的是武则天的侄孙女武惠妃。

你的酒窝没有酒，我却醉了！

武惠妃

唐玄宗有多宠爱武惠妃呢？他为了让武惠妃做皇后，没少跟大臣们打口水仗。

　　后来，武惠妃英年早逝，唐玄宗整天跟丢了魂似的，闷闷不乐。虽然后宫美女如云，但是他都不感兴趣。

　　不久，有人告诉唐玄宗，有一个名叫杨玉环的十分貌美，能歌善舞。
　　唐玄宗心想，闲着也是闲着，不如见一见。一见面，唐玄宗就深深地爱上了杨玉环。

但问题来了，杨玉环是唐玄宗的儿媳妇，唐玄宗不能不顾伦理道德直接纳她为妃。

遇到这种情况怎么办？唐玄宗以为妈妈祈福的名义，让杨玉环出家做女道士。

唐玄宗为什么要让杨玉环出家做女道士呢？出家相当于跟过往的一切说再见。等过一段时间，唐玄宗再让她还俗，就能名正言顺地纳她入宫。

果然，没过多久，唐玄宗便将杨玉环接入皇宫，并且封她为贵妃。这也是大家都叫她"杨贵妃"的原因。

唐玄宗是个宠妻狂魔，为了让杨贵妃能吃上南方的新鲜荔枝，不知道雇了多少人送荔枝，也不知道跑死了多少匹马。

杨贵妃受宠，家人也都跟着沾光，就连她那个不干正经事的堂哥杨国忠也混成了宰相。

迷雾小剧场

杨贵妃集万千宠爱于一身，唐玄宗为什么不让她做皇后呢？主要有三个原因：一、杨贵妃曾是唐玄宗的儿媳妇，这算得上是她的"污点"，一个有"污点"的人怎么能母仪天下呢？二、就算唐玄宗提议让她做皇后，大臣们也不会同意。三、杨贵妃可能没能力管理后宫。你让她唱歌跳舞还行，让她管理后宫，恐怕太难为她了。

第二十四章　唐朝（十二）：安禄山升职记

杨国忠喜欢胡作非为，把国家搞得一团糟。更要命的是，他总喜欢招惹一个名叫安禄山的大胖子。

安禄山是何许人也？他是胡人，精通六门语言，起初靠给商人当中介赚点小费。

何以解忧？
唯有暴富！

有一次，安禄山去偷别人家的羊，结果被士兵抓到，差点被打死。

长官见他豪气冲天，便饶他一命，还给他安排了一份抓俘虏的工作。从此以后，他开始为朝廷打工。

打工人，打工魂，打工的都是人上人！

那么，安禄山是如何从一个抓俘虏的新兵蛋子一路平步青云的呢？他只用了三招：

第一招：做出辉煌业绩

安禄山的工作能力特别强，每次去抓俘虏总能满载而归。所以，长官不断地给他升职加薪。

用不了多久，我就能出任CEO，走上人生巅峰！

第二招：贿赂京官

安禄山特别会来事，每次当京官路过他的管辖地时，他都会给京官发红包。

人人有份！

京官拿了好处，回京后纷纷向唐玄宗夸赞安禄山。

大家都说安禄山好，唐玄宗自然对安禄山印象不错，所以隔三岔五就提拔安禄山。

大钱由他人来赚，大官由我来当！

第三招：讨好皇帝和杨贵妃

安禄山特别会讨唐玄宗和杨贵妃的欢心。

为了拉近与唐玄宗、杨贵妃的关系，安禄山甚至不惜认比自己小十六岁的杨贵妃当干妈。

为了哄杨贵妃开心，安禄山每次进京总会先去拜见杨贵妃，然后才去拜见唐玄宗。唐玄宗问其原因，安禄山一本正经地解释说："我是胡人，胡人最重视母亲。"唐玄宗不但没有责备他，反而还觉得他十分有趣。

有一次，安禄山过生日，杨贵妃亲自为他举行洗儿礼，又用锦绣做成一个大襁褓，将他包裹其中，让宫女抬着他到处溜达。

你们真会玩！

唐玄宗和杨贵妃喜欢安禄山还有一个原因——他多才多艺。

安禄山虽然身材肥胖，但每次在唐玄宗和杨贵妃面前跳胡旋舞时却快如旋风。

爱的魔力转圈圈！

安禄山仗着有唐玄宗和杨贵妃的宠幸，常常不把文武百官放在眼里。不过，有一个人却让安禄山怕得要命，他就是宰相李林甫。

蓝靛染白布，一物降一物！

李林甫

知道安禄山有多怕李林甫吗？每次安禄山去见李林甫时，哪怕是寒冬腊月，也总是吓得汗流浃背。

气场强大　十分可怕

每次手下人向安禄山汇报工作时，安禄山总是先问李林甫是什么态度。如果李林甫说的是好话，安禄山就兴奋得手舞足蹈；如果李林甫说的是坏话，安禄山就很恐惧。

妈呀，我死定了！

话说，安禄山为什么这么怕李林甫呢？据说是因为李林甫会"读心术"。安禄山每次跟他唠嗑，他总能一眼看穿安禄山的心思。

糟了，是被看穿的感觉！

一秒就懂你的心

李林甫死后，杨国忠接班做了宰相。

杨国忠的控场能力比李林甫差，他压根镇不住安禄山，便想除掉安禄山，结果引发了一场叛乱，还差点使大唐王朝灭亡。

没事不要招惹我，不然你会死得很惨！

大唐启示录

如何用人是一门大学问。有句话说得非常到位：有德有才，破格重用。有德无才，培养使用。有才无德，限制录用。无德无才，坚决不用。那么，安禄山属于哪种人呢？属于那种有才无德之人。按理说，本该限制录用，但唐玄宗却偏偏破格重用，所以唐玄宗在不知不觉中为大唐王朝埋下了一颗地雷。

第二十五章　唐朝（十三）：安史之乱

　　杨国忠一心想除掉安禄山，但如何才能除掉安禄山呢？只有一个办法，那就是状告安禄山意图谋反。

　　然而，老实忠厚的外形早已成为安禄山的保护色，即便杨国忠说破天，唐玄宗始终不肯相信安禄山会谋反。

虎豹不堪骑，
人心隔肚皮！

杨国忠没招了，只好对唐玄宗说："你要是不信，就召安禄山进京，他肯定不敢来。"但是，让杨国忠没有想到的是，唐玄宗这边一打招呼，安禄山就屁颠屁颠地跑来了。

气氛有些尴尬！

一见到唐玄宗，安禄山就向他哭诉，说杨国忠天天想害他。

陛下不为臣做主，
不如摆摊卖红薯！

红薯

为了安慰安禄山，唐玄宗不但将杨国忠批评一番，还给安禄山升职加薪。

没有理由也会相信，没有力量也要保护的人，阁下难道没有吗？

话说，安禄山究竟想不想谋反呢？想，但由于唐玄宗对他实在太好了，他并不想在唐玄宗生前谋反。不过，杨国忠步步紧逼，他不得不考虑提前谋反。

你打乱了我的计划！

不久，有人发现安禄山即将造反，连忙上报给唐玄宗。唐玄宗仍旧不信。更可笑的是，他还把报信的人交给安禄山处置。

孔夫子喝卤水——明白人办糊涂事！

有一天，突然从前线传来消息，安禄山与他的小伙伴史思明造反了。听到消息的那一刻，唐玄宗震惊了。

特别的惊喜，送给特别的你！

由于是安禄山与史思明联合造反，所以被称为"**安史之乱**"。

造反都需要找一个看似正当的借口，那么安禄山的借口是什么呢？奉旨讨伐奸臣杨国忠。

借口找得好，造反没烦恼！

听到安禄山造反的消息后，杨国忠是什么反应呢？为自己很有远见而自豪。

看吧看吧，我说得没错吧！

杨国忠

此刻，唐军已经很多年没有打过仗了，估计兵器都生锈了。所以一开战，唐军就被安禄山手下的精兵强将打得落花流水。

刀不锋利，马太瘦，你们凭什么跟我斗！

不久，安禄山一举拿下东都洛阳。

安禄山见洛阳的宫殿太雄伟壮观了，不称帝简直对不起这么气派的宫殿，便僭越称帝，并定都洛阳，改国号为"大燕"。

我是安禄山，我为大燕代言！

很快，安禄山的大军又杀向西都长安，吓得唐玄宗连忙带着杨贵妃等人逃往四川。

亲，我要带你一路狂飙！

当唐玄宗走到马嵬驿时，众将士心中的怒火比太上老君炼丹炉里的三昧真火烧得还旺。为什么呢？因为他们本该待在长安逍遥快活，却因为杨国忠逼得安禄山造反，他们不得不背井离乡，过起了朝不保夕的流亡生活。

都是杨国忠闹的！

众将士越想越来气，结果引发了一场兵变，怒气冲冲的将士们抓住杨国忠并将他大卸八块。

你死不足惜！

你咎由自取！

杀掉杨国忠之后，将士们仍旧不肯散去。因为杨国忠是杨贵妃的堂哥，他们担心杨贵妃将来会替杨国忠报仇。于是，将士们请求杀掉杨贵妃。

马嵬驿

贵妃不死，兵变不止！

如果不杀杨贵妃，恐怕连唐玄宗都要命丧马嵬驿。

唐玄宗迫于无奈，只好让宦官高力士将杨贵妃勒死在佛堂中，史称"马嵬驿兵变"。

大唐启示录

　　"安史之乱"之所以会爆发，唐玄宗有一定的责任。由于他晚年纵情声色，懈怠工作，这才导致统治阶级腐化，奸臣争权夺利，给了安禄山壮大的机会。如果不是唐玄宗一再宠幸安禄山，他又岂会有资本造反？

第二十六章 唐朝（十四）：祸起萧墙

就在唐玄宗逃往四川的途中，腹黑的太子却悄悄脱离大部队跑到了灵武。

更离谱的是，太子连声招呼也不打，擅自在灵武登基称帝，史称"唐肃宗"。

唐玄宗听说儿子擅自称帝，他也只能顺水推舟，正式册封儿子为皇帝，并且把军政大权一并交给唐肃宗，自己则成了无权无势的太上皇。

当时，东都洛阳和西都长安全让安禄山给占领了，再不反击，大唐王朝迟早会完蛋。

唐肃宗连忙召集一大批骁勇善战的将领进行反击。

007，我是001，增援部队已出发，请你顶住！顶住！再顶住！

郭子仪

001、001，我是007，现已被敌军包围，伤亡惨重，请求支援！请求支援！

就在唐军拧成一股绳全力反击的时候，安禄山那边出事了。

屋漏偏逢连夜雨，船迟又遇打头风！

安禄山因为太胖导致全身长满毒疮，甚至严重到双目失明。

少壮不减肥，老大徒伤悲！

病痛的折磨让安禄山变得脾气火暴，动不动就鞭打身边的人，结果把身边的人全得罪光了。

安禄山的二儿子安庆绪为了早日继承皇位，便暗中策反安禄山身边的人杀死了安禄山。

安禄山一死，安庆绪成功继承皇位。可惜安庆绪没有他爸的军事才能，所以很快被唐军打得找不着北。

眼看就要完蛋，安庆绪只好向他爸的老搭档史思明求救，并且还承诺将皇位让给史思明。

其实，史思明早就惦记上安庆绪的皇位了，便假意答应帮助安庆绪，然后诱杀了安庆绪。

安庆绪死后，史思明顺利登基，成为大燕皇帝。

哪承想，刚做了两年皇帝的史思明很快落得跟安禄山同样的下场，也被自己的亲儿子史朝义杀了。

史思明的儿子跟安禄山的儿子一样，都是烂泥扶不上墙，所以很快也被唐军打败，走投无路之际只好自杀了。

史朝义一死，长达八年的"安史之乱"总算结束了。

虽然"安史之乱"结束了，但是唐玄宗的日子依然不好过。因为唐肃宗总担心唐玄宗复辟，所以将他软禁在皇宫里，并且时刻提防着他。

没几年，唐玄宗在郁郁寡欢中走完了自己跌宕起伏的一生。

在经历了"安史之乱"之后，唐玄宗辛辛苦苦开创的"开元盛世"就此毁于一旦。

大唐观察室

　　"安史之乱"是大唐由盛而衰的转折点，它不但给人民带来了巨大灾难，同时还削弱了封建集权，致使内乱不断。与此同时，"安史之乱"也大大削弱了大唐对周边少数民族的控制，致使大唐边疆不稳。内有内忧，外有外患，大唐从此再无太平之日。

第二十七章　唐朝（十五）：两大祸害

"安史之乱"虽然被平定，却给大唐王朝带来两大后遗症，一个是藩镇割据，一个是宦官专权。

一、藩镇割据

什么是藩镇呢？其实就是节度使管辖的地盘。在藩镇中，节度使如同山大王一般，大小事务全归他们管。

经过"安史之乱"后，朝廷变得脆弱不堪，一些藩镇反倒成了猛虎。

朝廷降不住的一些藩镇，虽然名义上仍然归朝廷管，但实际上却不听朝廷号令，如同独立王国一般。这种局面被称为"**藩镇割据**"。

藩镇势力强大，不好惹，所以皇帝大多不去招惹他们。

有没有皇帝敢向藩镇发难呢？当然有，比如唐德宗。

唐德宗想消灭这些不听话的藩镇，结果把几位节度使给惹毛了，节度使们便组团造反。

是时候给皇帝点颜色看看了!

节度使

唐德宗连忙派人去镇压。但让他心塞的是，非但没摆平叛军，前去平叛的人也反了。

一波还未平息，一波又来侵袭!

更悲催的是，一批平叛的士兵路过京城时，因为福利待遇差，拎起家伙冲进京城，把国库给抢了，吓得唐德宗仓皇逃出了京城。

自己动手，丰衣足食!

京城

为了缓和局势，唐德宗不得不写下一份"罪己诏"，不但检讨了自己的过错，还赦免了藩镇的罪行。待局势稍稍平定，他才返回京城。从此以后，他再也不敢得罪藩镇了。

二、宦官专权

唐代第一个专权的宦官是唐玄宗的贴身宦官高力士。

高力士虽然专权，却从不干坏事，并且对唐玄宗忠心耿耿，因此被称为**"千古贤宦第一人"**。

知道高力士对唐玄宗有多忠诚吗？他听说唐玄宗驾崩的消息后因悲伤过度，吐血而亡。

后来的宦官一个比一个坏，仗着有皇帝宠幸，一步步控制了京城，有时候权力大到甚至可以废立皇帝。

宦官这么嚣张，皇帝们难道都坐视不理吗？也不全是。就拿唐文宗来说吧，他就非常讨厌宦官专权。

为了除掉宦官，唐文宗与大臣谎称禁卫军后院的石榴树上有甘露降临，然后让宦官们去查看，准备在宦官们到达后院时让埋伏在周围的士兵将他们全部砍杀。

当一帮宦官到达后院时，发现门后藏着大量伏兵，感觉有诈，撒丫子就跑。紧接着，他们劫持了唐文宗，然后派人在宫中大肆屠杀文武百官，史称"**甘露之变**"。

事后，唐文宗遭软禁，国家大事全由宦官做主。

一边是藩镇割据，一边是宦官专权，国家能不乱套吗？

大唐观察室

　　藩镇割据，致使朝廷对地方的控制力进一步被削弱；宦官专权，又进一步地削弱了皇权。这就导致朝廷无法完全控制地方，皇帝无法完全控制朝廷。朝廷内外混乱不堪，这也注定大唐王朝将在多灾多难中一步步走向灭亡。

第二十八章　唐朝（十六）：黄巢起义

就在国家乱成一团糟的时候，有个叫黄巢的人趁机发动了一场席卷大半个国家的起义，史称"**黄巢起义**"。

黄巢是个富二代，曾多次进京参加科举，但一直未能高中。一气之下，他写了一首杀气腾腾的诗：

不第后赋菊

待到秋来九月八，我花开后百花杀。
冲天香阵透长安，满城尽带黄金甲。

　　总是名落孙山，让黄巢十分绝望，他只好回家继承祖业，做个一方富豪。

　　后来，各地闹饥荒，朝廷又与藩镇连年征战，搞得老百姓苦不堪言。有个叫王仙芝的私盐贩子便趁机带领数千名小弟揭竿而起。一时间，各地纷纷响应。

　　就在此时，黄巢召集几千人马响应王仙芝。

　　黄巢与王仙芝强强联合，不但抢占了不少地盘，还聚集了数万人马。

就在起义事业干得风生水起的时候，黄巢与王仙芝却闹起了矛盾。

小贴士

两人为什么会闹矛盾呢？因为朝廷消灭不了二人便想招安，并且给王仙芝封了个官。王仙芝倒是很乐意归顺朝廷，但黄巢却不同意，因为朝廷没有给他封官。

能不能一碗水端平？

不行！

为了阻止王仙芝归顺朝廷，黄巢大骂王仙芝是个软骨头，还把王仙芝暴打了一顿。

造反是你唯一的出路！

由于王仙芝的部下也反对，所以王仙芝并未归顺朝廷。不过，他与黄巢却因为闹得不愉快而分道扬镳。

后来，王仙芝兵败被杀，残部纷纷投奔黄巢，并且支持黄巢称王。黄巢也不客气，果断自立为王。

随着势力不断壮大，黄巢先后攻占了东都洛阳和西都长安，吓得皇帝四处逃窜。

很快，春风得意的黄巢决定干一件曾梦寐以求的事：登基称帝，并定国号为"大齐"。

不过，没过几年，重整旗鼓的唐军从四面八方杀向了长安。黄巢双拳难敌四手，开始败退。

黄巢手下有一个名叫朱温的人，他预感黄巢迟早要完蛋，便跳槽到大唐，帮着唐军收拾黄巢。没过多久，黄巢就被打成了光杆司令。

黄巢自知必死无疑，便想让外甥带着自己的人头向唐军邀功。

据说，外甥不忍心杀黄巢，黄巢只好挥剑自刎，却没有死成。外甥为了不让他遭罪，只好补了一刀。

无痛离世，谁试谁知道！

外甥

黄巢死后，外甥又杀了黄巢的妻儿和兄弟，然后带着黄巢一大家子的人头去投降，结果被唐军杀了。

唐军

一看就是来送人头的！

黄巢倒台后，曾经背叛他的部下朱温却意外蹿红，并且成为"藩镇一哥"。不久，朱温便篡夺了大唐的江山。至此，延续了二百八十九年的大唐王朝彻底灭亡了。

大唐大唐，焉能不亡！

大唐

大唐观察室

　　黄巢起义是唐末众多起义中时间最长、影响最大的一次起义。黄巢起义虽然失败了，却动摇了大唐王朝的统治，使大唐王朝名存实亡，也为朱温篡唐、藩镇割据埋下了伏笔。

中国历史大事年表

公元291年，"八王之乱"爆发。

公元300年，贾南风被毒死。

公元307年，晋惠帝去世，弟弟晋怀帝即位。

公元311年，刘聪攻陷洛阳，俘虏晋怀帝。

公元313年，晋怀帝被杀，晋愍帝即位。

公元316年，刘聪俘虏并杀害晋愍帝，西晋灭亡。

公元317年，司马睿建立东晋。

公元376年，前秦皇帝苻坚统一北方。

公元386年，拓跋珪建立北魏。

公元403年，桓玄建立桓楚政权。

公元419年，刘裕毒杀晋安帝，改立晋恭帝。

公元420年，东晋灭亡，刘裕建立刘宋。

公元439年，北魏统一北方，北方进入北朝时期，历史进入南北朝时期。

公元479年，萧道成取代刘宋称帝，建立南齐。

公元494年，北魏孝文帝拓跋宏迁都洛阳。

公元 502 年，梁武帝萧衍取代南齐称帝，建立南梁。

公元 534 年，北魏分裂为东魏和西魏。

公元 550 年，高洋取代东魏称帝，建立北齐。

公元 557 年，宇文觉取代西魏称帝，建立北周。同年，陈霸先取代南梁称帝，建立南陈。

公元 577 年，北周灭掉北齐，统一北方。

公元 581 年，杨坚取代北周称帝，建立隋朝。

公元 589 年，隋朝灭掉南陈，统一中国。

公元 600 年，隋文帝杨坚废掉太子杨勇，改立杨广为太子。

公元 604 年，隋文帝去世，隋炀帝杨广即位。

公元 617 年，李渊在太原起兵，不久，攻克长安，立代王杨侑为帝，尊隋炀帝为太上皇。

公元 618 年，隋炀帝被杀，隋朝灭亡。同年，李渊称帝，建立唐朝。

公元 626 年，秦王李世民发动"玄武门之变"，杀掉太子李建成和齐王李元吉，并逼迫李渊退位。不久，李世民即位，是为唐太宗。

公元 643 年，太子李承乾涉嫌谋反被废，晋王李治被立为太子。

公元 649 年，唐太宗去世，唐高宗李治即位。

公元 690 年，武则天称帝，定国号为"周"，史称"武周王朝"。

公元 705 年，宰相张柬之等人发动"神龙政变"，逼迫武则天退位。同年，武则天去世，大唐复国。

公元 710 年，李隆基发动"唐隆政变"，除掉韦皇后与安乐公主。随后，李旦即位，是为唐睿宗，李隆基被立为太子。

公元 712 年，李隆基即位，史称唐玄宗。

公元 713 年，太平公主被赐死家中。

公元 745 年，杨玉环被唐玄宗封为贵妃。

公元 755 年，"安史之乱"爆发。

公元 756 年，安禄山在洛阳称帝，建立大燕政权。唐玄宗逃往四川，杨贵妃命丧马嵬驿。同年，唐肃宗即位，尊唐玄宗为太上皇。

公元 757 年，安禄山被儿子安庆绪杀害。

公元761年，史思明被儿子史朝义杀害。

公元762年，唐玄宗、唐肃宗相继去世，唐代宗即位。

公元763年，史朝义自杀，"安史之乱"被平定。

公元875年，"黄巢起义"爆发。

公元880年，黄巢称帝，建立大齐政权。

公元884年，黄巢兵败自杀。

公元907年，朱温篡唐称帝，建立后梁，唐朝灭亡。

韩明辉 著

爆笑

叁

中国历史课

（全三册）

贵州出版集团
贵州人民出版社

目 录

第一章　五代十国（一）：霸道的后梁

大唐王朝灭亡后，地方节度使纷纷拥兵自重，全国一下子冒出来很多政权。

在中原地区，先后崛起的有后梁、后唐、后晋、后汉、后周五个政权，史称"五代"。

为了便于大家快速记住这五个政权，咱们不妨用一下谐音：

在中原之外有十几个政权。不过，比较厉害的只有闽、吴越、楚、吴、前蜀、后蜀、南汉、北汉、南平、南唐，史称"十国"。

咱们同样用谐音来加深记忆：

由于"五代"和"十国"同时存在，因此这一时期被称为"五代十国"。

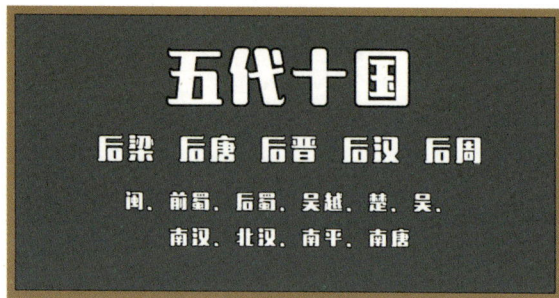

咱们先来说一说五代十国中最先崛起的后梁。

后梁的开国国君正是灭掉唐朝的朱温。当时，很多藩镇的实力都不如朱温，只好向朱温俯首称臣。不过，有个叫李克用的军阀，很不给朱温面子，非要跟他叫板。

朱温曾三番五次带人攻打李克用，却总是占不到便宜。

就在朱温郁闷之际，阎罗王突然帮了朱温一把，把李克用给收了。

朱温以为李克用的儿子李存勖（xù）好欺负，就欢天喜地地去收拾他，结果被李存勖打得落花流水。

朱温没想到对手的儿子这么强，十分难过。更让他难过的是，他的儿子个个不中用。于是，他说了一句让儿子们恨不得找个地缝钻进去的话。

我儿子跟李克用的儿子比，简直跟猪狗一样！

自己的儿子蠢如猪，敌人的儿子却猛如虎，如果让儿子接班，后梁岂不是早晚要完蛋？于是，他做了一个惊人的决定：让干儿子朱友文接班。

干儿子比亲儿子能干！

朱温担心亲儿子朱友珪（guī）会争夺皇位，便要下诏把他调到外地。

"滚"就一个字，我只说一次！

滚

朱友珪

朱温的这个举动可把朱友珪吓坏了。为什么呢？因为朱温有个习惯，每次想杀人时通常会先把此人调到外地，再下诏赐死。

朱友珪担心朱温杀他，便提前把朱温给杀了。

老爸，好走不送！

随后，朱友珪又伪造诏书将朱友文给杀了，然后夺得皇位。

由于朱友珪人品太差，大臣们都十分讨厌他。

朱友珪不得人心，弟弟朱友贞趁机发动政变，杀掉了朱友珪，并夺得皇位。

螳螂捕蝉，黄雀在后！

朱友贞

正如他爸朱温所言，朱友贞跟李存勖比起来跟猪狗一样。很快，他便兵败身亡，后梁从此灭亡。

五代观察室

　　朱温残暴不仁，虽然侥幸称帝，却惨死于儿子之手，也算是咎由自取。俗话说："有其父必有其子。"父不仁，子不义，以致兄弟相残，落得个身死国灭的下场。

第二章　五代十国（二）：奇葩的后唐

早在灭掉后梁之前，李存勖便登基称帝，定国号为"唐"，史称"后唐"。

我是李存勖，我为后唐代言！

后唐

　　众所周知，大唐王朝的国号也是"唐"。后唐与大唐王朝有什么关系吗？事实上，李存勖不是汉族人，而是沙陀人，本来姓"朱邪"，祖上因为有功被大唐皇帝赐姓"李"。就因为跟李唐皇室一个姓，李存勖便以大唐王朝的合法继承人自居，所以仍沿用"唐"为国号，史称"后唐"。

大唐有我不能亡，我为大唐续辉煌！

后唐

李存勖很有军事天赋，特别能打仗，所以后唐是五代中地盘最大的一个政权。不过，他严重"偏科"——不擅长治国。

偏科不是病，关键时刻要人命！

打仗
100分

治国
0分

执政期间，李存勖曾致使大批伶人干政。

小贴士

什么是伶人呢？就是多才多艺的演员。他们既会唱歌又会跳舞，十分讨李存勖喜欢。

古有关公单刀赴会，今有伶人独霸社会！

更要命的是，李存勖还有个非常抠门的皇后。当时全国闹饥荒，他们家的钱多得能数到手抽筋，但皇后却哭穷，不让李存勖给士兵们发工资，结果逼得士兵们卖儿卖女。

没钱了跟我说，我告诉你没钱的日子该怎样过！

刘皇后　士兵

皇帝没有政治智慧，皇后又是个守财奴，士兵们忍无可忍，便联合起来造反了。

还我血汗钱

老板不发钱，员工闹翻天！

李存勖连忙派大臣李嗣源前去平叛。一到前线，平叛的士兵却与叛军合伙，逼着李嗣源一起反了，并且还让李嗣源做带头大哥。

活得久了，真是什么事都可能遇到！

李嗣源

李存勖很生气，便亲自带兵去收拾李嗣源，结果途中发生了兵变，而他也被射杀了。

李存勖死后，李嗣源做了皇帝。

李嗣源是五代中少有的明君，但不幸的是生了个不肖子李从荣。李从荣在他病重期间想抢皇位，把他吓死了。

李嗣源死后，另一个儿子李从厚继承了皇位。李从厚想削弱藩镇的力量，却逼反了干哥哥李从珂，还被打得逃出了都城。

李从厚想找姐夫石敬瑭帮忙，岂料石敬瑭却把他绑成粽子交给了李从珂。很快，李从厚成了刀下鬼，并被李从珂抢走了皇位。

李从厚刚死，李从珂那边便犯了同样的毛病，也想削弱藩镇的力量，结果逼反了石敬瑭。

石敬瑭担心打不过李从珂，便去找外援。

为了让生活在北方大草原上的契丹人帮助自己，石敬瑭向契丹皇帝耶律德光承诺，只要帮忙灭了李从珂，他不但向契丹称臣，还把燕、云等十六个州送给契丹。

在契丹的帮助下，石敬瑭三下五除二便打败了李从珂，灭了后唐，建立后晋。

五代观察室

　　为了消灭李从珂，石敬瑭干了一件对后世影响非常恶劣的事，那就是把燕云十六州送给了契丹。燕云十六州是中原王朝的重要屏障。契丹人想到中原，必须先通过燕云十六州。一旦没了这些屏障，契丹铁骑就可以畅通无阻地杀到中原。所以，后来的后周、北宋为了夺回燕云十六州曾经多次北伐，但费了九牛二虎之力也没能成功。

第三章　五代十国（三）：悲催的三代

石敬瑭建立的后晋羸弱不堪。为了让契丹充当后晋的保护伞，石敬瑭不但向耶律德光称臣，还认比自己小十岁的耶律德光做爸爸，他也因此成了遭人耻笑的"儿皇帝"。

虽然石敬瑭懦弱不堪，但他的接班人——养子石重贵却非常有骨气。所以，石重贵一即位，便立刻跟耶律德光摊牌。

耶律德光很生气，便带兵俘虏了石重贵，灭了后晋。

耶律德光占领中原后，想做中原的主人，便改国号为"大辽"。

辽军整天打砸抢烧，惹得中原人纷纷起来反抗。没过多久，辽军就被打跑了。

辽军离开后，石敬瑭的部下刘知远迅速占领中原，并建立后汉。

后汉

妥妥的"捡漏王"呀!

刘知远

可惜刘知远运气不好，仅仅做了一年皇帝就死了。

临终前，刘知远担心儿子刘承祐治国经验不足，便给他请了几位大臣辅佐他。可刘承祐却好像患有被害妄想症，总怀疑辅佐他的大臣想害他。

总有刁民想害朕！

刘承祐

刘承祐想对大臣们大开杀戒，结果逼反了郭威。

当时，郭威的家人都住在京城，全被刘承祐杀了。

你不仁我不义!

郭威听说家人被杀，差点气死。为了给家人报仇，他直接带兵杀进京城，灭了刘承祐。

你的幻想成真了。

为霸占后汉的江山，郭威还自导自演了一出好戏。

当时，契丹人来闹事，郭威奉太后之命带兵迎战。

没走多远，一群特邀演员扯下黄旗，当成龙袍，披到郭威身上，并强迫郭威做皇帝。郭威半推半就地答应了。就这样，仗也没打，郭威带兵回去就做了皇帝，然后建立了后周。

我是郭威，我为后周代言！

后周

郭威的儿子悉数被杀，可让谁接班呢？他选中了干儿子柴荣，史称"周世宗"。

亲儿子不够，干儿子来凑。

柴荣

周世宗十分优秀，一即位便决心遵照养父郭威的遗愿，干出一番大事。从他的实力来看，从大辽手中夺回燕云十六州并不难。但可惜的是，他寿命太短，年纪轻轻便去世了。

周世宗去世后，年仅七岁的儿子柴宗训继承了皇位。

周世宗恐怕永远也不会想到，他的心腹赵匡胤竟在他死后不久便抢了他儿子的江山，后周从此灭亡。

那么，赵匡胤是如何抢走柴宗训的江山呢？几乎完全模仿了郭威的操作，史称"**黄袍加身**"。

有一年，北汉和契丹联兵南下，朝廷派赵匡胤去迎战。刚走到陈桥驿，赵匡胤手下的一帮人拿出早已准备好的黄袍，披到赵匡胤身上，并让赵匡胤做皇帝。赵匡胤便带兵返回都城，做了皇帝，史称"宋太祖"。由于事情发生在陈桥驿，史称"陈桥兵变"。

撞衫不可怕，只要我不尴尬，尴尬的就是别人！

柴宗训

由于赵匡胤的发迹地在宋州，所以定国号为"宋"，史称"北宋"。

我是赵匡胤，我为大宋代言！

宋州

宋

　　赵匡胤虽然靠兵变夺得皇位，十分不厚道，但也干了一件厚道的事。他曾给子孙留下一条遗训：柴氏子孙即便有罪，也不得严惩。哪怕是造反，也只能将他们赐死在狱中，不得在闹市中斩杀，更不能株连他人。此外，他还发了一个毒咒：如果有人违背这条遗训，老天一定收拾他。

第四章　五代十国（四）：纷乱的十国

说完五代十国中的"五代"，咱们再来说一说乱成一锅粥的"十国"。

跟"五代"相比，"十国"算是比较边缘化的国家，由于历史地位不高，所以存在感相对较低。

在"五代"的各个政权为争夺中原的控制权打得不可开交的时候，"十国"大多数时候要么向"五代"俯首称臣，要么保持中立。

当然，"十国"中也有一些国家偶尔会去中原争雄，但结局大多都很悲惨。

在"十国"中，属于一流国家的有两个，一个是吴，一个是南唐。其中，南唐是"十国"中实力最强、地盘最大的国家。

在"十国"中，属于二流国家的也有两个，一个是前蜀，一个是后蜀。这两个国家是"十国"中最富有的国家。

至于闽、吴越、楚等国，只能算三流国家，平时也没什么存在感。

"十国"中，有没有出现过家喻户晓的人物呢？只有一个，那就是南唐后主李煜（yù）。

李煜虽然是一国之主，但是他的治国水平却一塌糊涂，所以南唐才会毁在他手里。

李煜是一个亡国之君，为什么在一千多年后的今天还有无数人喜欢他呢？那是因为他是一个天才词人，并且人送绰号"词帝"。

如果你去读李煜在亡国之后所写的词，你会发现，基本上满篇都写着一个字——愁。

南唐灭亡后，李煜被软禁在大宋的都城东京。

如果李煜能够像三国时期的刘禅那样乐不思蜀，说不定还能善终，但可惜的是他整天不忘写词怀念故国。

作为阶下囚，李煜怀念故国的行为无异于是在作死。

相传，他就是被大宋皇帝毒死的。

在"十国"中，只有少数国家是由于彼此之间互相兼并而灭亡的，而大部分国家是被宋朝灭掉的。直到宋朝灭掉北汉，"十国"才彻底灭亡，历史从此正式进入北宋时期……

十国观察室

　　虽然十个国家都被划分到"十国"之中，但十个国家之间却有很大不同。比如：各国地盘的大小，相差悬殊；各国出现的时间，参差不齐；各国国君的称呼不一，有人称"帝"，有人称"王"，还有人称"国主"。虽然"十国"中各国远不如"五代"的各个政权厉害，但"十国"中各国的国祚普遍比"五代"的各个政权长。

第五章 北宋（一）：杯酒释兵权

宋太祖赵匡胤黄袍加身，轻松夺得皇位，本该喜上眉梢的他，却整天愁眉不展。为什么会这样呢？因为他总担心当初帮他夺取皇位的禁军将领会效仿他，把他也赶下皇位。

有一天，赵匡胤把禁军将领全部叫到一起，请他们喝酒。

席间，赵匡胤故意对他们说："我虽然贵为天子，却还不如做个节度使快乐呢！"

见大家一脸蒙，赵匡胤便向他们解释说："万一哪天你们的部下把黄袍披到你们身上，逼你们做皇帝，即便你们不答应，但由得了你们吗？"

一帮快喝醉了的禁军将领发现自己竟遭皇帝猜忌，立刻放下酒杯，跪倒一片，恳求赵匡胤给他们指一条明路。

兵权富贵咱不争，你说咋整就咋整！

赵匡胤笑眯眯地对他们说："大伙儿拼命打仗，不就是为了多挣几个钱嘛！如果你们愿意放弃手里的兵权，我保你们世世代代富贵，祖祖辈辈乐逍遥。"

江山再好，比不上金山银山。

第二天，禁军将领都说自己有病，然后集体辞职了。赵匡胤旋即派他们去地方上当官。这事被称为"**杯酒释兵权**"。

为了巩固江山，赵匡胤紧接着进行了一系列改革，内容大致可以用四个字概括——**崇文抑武**。

什么叫"崇文抑武"呢？就是抬举文官，抑制武将。

"崇文抑武"就像一把双刃剑，有利也有弊。好处是，无论是北宋还是南宋，基本上没有出现过武官造反的现象；坏处是，宋军的战斗力很低，屡屡被外敌打败。

北宋启示录

　　杯酒释兵权是一种通过和平手段兵不血刃地夺取功臣兵权的方式。它既没有屠杀功臣，又成功预防了军事政变。与那些为巩固皇权不惜滥杀功臣的皇帝相比，赵匡胤的做法还是值得称赞的。

第六章　北宋（二）：烛影斧声

　　一天夜里，赵匡胤召弟弟赵光义进宫议事。其间，两人还开怀畅饮一番，岂料到了大半夜赵匡胤却离奇驾崩。

　　当晚，有人看到烛光下赵光义有时离开席位，做躲避之状，还听到斧子戳地的声音。这就是**"烛影斧声"**的故事。

　　赵匡胤突然驾崩，而赵光义却继承了皇位，因此有人怀疑他是被赵光义害死的。不过，也有人认为他是病死的。

　　那么，赵匡胤到底是怎么死的呢？很可能是被赵光义害死的，因为紧接着发生了两件不合常理的事。

　　第一件事，赵光义继承皇位的合法性让人怀疑。
　　众所周知，皇帝通常将皇位传给皇子，哪怕皇子只有几岁甚至几个月大，都是可以继承皇位的。赵匡胤明明有两个已经成年的儿子，为什么弟弟赵光义却做了皇帝呢？

第二件事，赵光义改年号的行为让人起疑。

在没有改朝换代的情况下，新皇帝通常在即位的第二年才改年号，以示对上一任皇帝的尊重。赵光义即位时还差几天就要过年，他为何迫不及待地把年号给改了？说明他对哥哥有意见。

如果赵匡胤是被赵光义害死的，那么赵光义是怎么害死他的呢？可以肯定的是，赵匡胤不是被劈柴用的斧子劈死的，因为"烛影斧声"中的"斧"是指用水晶制成的柱斧。用柱斧杀人不太容易，即便用来杀人，死者身上一定会血肉模糊，很容易被发现。

赵匡胤很可能是被赵光义用毒酒毒死的。

小贴士

为什么说赵匡胤是被赵光义毒死的呢？有两个理由：一、御医普遍都会制毒。就在赵匡胤暴毙的当晚，一个御医大半夜不睡觉却在赵光义家的门外瞎转悠，说明他知道当晚会发生大事。二、据说赵光义是个下毒的惯犯，他曾毒死过后蜀国主、南唐后主和吴越国王。

开盖有惊喜，
喝前摇一摇！

不管怎么说，爸爸死了应该让儿子接班，凭什么让弟弟接班呢？所以，很多人都说赵光义即位不合法。

我天不怕地不怕，
就怕即位不合法！

赵匡胤的心腹赵普为了讨好赵光义，便帮助赵光义证明他即位的合法性。就在赵光义即位五年后，赵普拿出了"金匮之盟"。

小贴士

什么是"金匮之盟"呢？原来，赵匡胤的妈妈杜太后担心北宋会像后周一样因为皇帝年龄小而被外人抢去江山，便在临终前让赵匡胤在死后将皇位传给赵光义，并让赵普将此事记录下来，藏于金匮之中，这份遗书因此被称为"金匮之盟"。

世上只有弟弟好，
自家儿子像根草！

杜太后

不过，很多人怀疑"金匮之盟"是赵普伪造的。有两个理由：一、杜太后死时，赵匡胤才三十四岁，她怎么知道赵匡胤去世时他儿子还小呢？二、赵光义一直想证明自己是合法即位的，如果有"金匮之盟"，他为什么要等到五年后才拿出来呢？

你造假，我装傻，
即位合法最潇洒！

合法

赵普

那么"金匮之盟"到底是真是假呢？很可能半真半假。

当时，储君的标配必须既是亲王，又是开封府尹。这两个身份，赵光义都符合，说明赵匡胤的确想过把皇位传给他。不过，赵光义死后，需要将皇位传给弟弟赵廷美，再由赵廷美传给赵匡胤的儿子。

我是名副其实的储君，
如假包换！

开封府尹

亲王

如果说赵匡胤本想将皇位传给赵光义，那赵光义为什么还要害死他呢？因为立下"金匮之盟"多年后，赵光义发现哥哥后悔了，想直接将皇位传给自己的儿子，所以才对哥哥痛下杀手。

你不按剧情走，就别怪我下狠手！

赵光义当上皇帝后，弟弟赵廷美及赵匡胤的两个儿子可就惨了。赵廷美遭打压，抑郁而死。赵匡胤的大儿子因为遭猜忌被迫自杀，小儿子也不明不白地病死了。

自古皇家无亲情，威胁皇位皆送命！

北宋名人堂

赵匡胤通过陈桥兵变黄袍加身，兵不血刃便能改朝换代，这在中国历史上是罕见的。他又通过杯酒释兵权，轻松地解除了武将的兵权，巩固了皇权。消除内忧之后，他又接连灭掉了"五代十国"中的大部分割据政权。然而，正当他即将一统天下的时候，却突然暴毙，着实让人惋惜。

第七章　北宋（三）：王安石变法

宋太宗赵光义即位不久，便灭掉了五代十国中尚存的几个割据政权，统一了天下。

赵光义还算是个硬汉，为了夺回燕云十六州，曾率军讨伐大辽。但是，他的儿子宋真宗却怯弱不堪，一听说大辽的萧太后带着皇帝来大宋砸场子，心中十分恐惧。

大辽女人真病狂，不爱红装爱武装！

宋真宗　萧太后

大辽的两位主咖都亲自上战场，大宋皇帝岂能不去？尽管宋真宗很不情愿，仍被主战的大臣给架上去了。

你不去，我不去，士兵打仗没底气！

我去！

有皇帝御驾亲征给将士们加油打气，宋军打起仗来十分凶猛，大辽占不到一点便宜。萧太后见辽军陷入被动，便要求议和。

有钱能使鬼推磨，给钱就让你好过！

燕云十六州

宋真宗原本打算每年给大辽一百万两白银，哪怕三百万两也能接受。但他没想到派去的人竟将价格砍到十万两白银，外加二十万匹绢。此次议和被称为"澶（chán）渊之盟"。

虽然"澶渊之盟"让北宋变成大辽的提款机，但北宋能用这笔钱换取上百年的和平也算物有所值，更何况这点钱还不足军费的百分之一，并且能从宋辽贸易中赚回来。

不用跟大辽三天一小打，五天一大打，北宋便埋头发展经济。

由于建国初期制定的国策有问题，到了宋神宗执政时期，北宋开始出现各种问题。

为了富国强兵，宋神宗决定进行一场彻底的改革。

改革牵一发而动全身，必须得找一个控场能力极强的人来主持大局，但选谁好呢？宋神宗最终选择了王安石。

宋神宗跟王安石一拍即合，于是两人组团掀起了一场轰轰烈烈的变法。这就是中国历史上著名的**"王安石变法"**。由于发生在熙宁年间，又被称为**"熙宁变法"**。

　　变法期间，王安石干了不少事，比如丈量田地，兴修水利，提高军队战斗力。

　　变法往往欲速则不达，但王安石却急于求成，再加上他识人不明，找了一帮小人加盟，结果搞得百姓怨声载道。

　　变法期间，朝中形成两派：支持变法的一派被称为"新党"，反对

变法的一派则被称为"旧党"。两拨人整天互相伤害，史称**"新旧党争"**。

你不争我不争，百姓早晚会发病！

新党

旧党

司马光

后来，反对变法的人变得越来越多，再加上制定的新法出了问题，宋神宗便打起了退堂鼓。

王安石见宋神宗不再大力支持自己，便撂挑子不干了。

我要卷铺盖回家！

宋神宗死后，王安石制定的新法几乎全部被废除，这也意味着王安石变法彻底失败了。

我的字典里写满了"失败"二字！

北宋观察室

后人对王安石变法的评价可谓是两极分化，有人赞美，也有人吐口水。从整体来看，它对朝廷有利，但是害苦了百姓。此外，由它引发的新旧党争一直持续到北宋灭亡，成为北宋灭亡的原因之一。

第八章 北宋（四）：靖康之变

北宋本来就乱，再经王安石变法一折腾，简直乱成一锅粥。

此时，如果出现一位明君，说不定北宋还有救，但偏偏出了个艺术家皇帝，把国家给带跑偏了。他就是"资深文艺青年"宋徽宗。

宋徽宗自创了一种笔迹瘦劲的字体，就是非常出名的**"瘦金体"**。

孩子，该练字了，你瞧你的字写得跟蚯蚓似的！

爆笑中国历史

宋徽宗手下有六个臣子，人送绰号"六贼"。这六个家伙跟掉钱眼儿里似的，就知道捞钱。

有钱就能为所欲为！

童贯　　蔡京

谁都没有料到，由"六贼"引发的宋江起义、方腊起义及金军入侵，硬生生地搞垮了北宋。

小人不可怕，就怕小人能耐大！

替天行道

宋江起义、方腊起义都没能成气候，所以咱们重点讲一下金军入侵。金军入侵完全是由"六贼"中的蔡京、童贯等人引起的。这事跟燕云十六州有很大关系。

宋徽宗一伙见大辽的国力远不如从前，便想趁机夺回燕云十六州，于是，跟由女真建立的金朝联合灭辽，进而夺回燕云十六州。

事实上，联金灭辽是一步臭棋。因为大辽夹在北宋和金朝之间，俨然成了北宋的保护伞。只要大辽不亡，它就能一直替北宋分担来自金朝的压力。一旦大辽灭亡，金人就会直接进攻北宋。

不久，宋、金两国夹击大辽。金军将辽军打得落花流水，而宋军却被辽军打得溃不成军。

后来，金军独自灭掉了大辽。

虽然宋军不给力，但按约定金人理应将燕云十六州归还北宋，然而金人仅仅给了北宋几座空城。

更让宋徽宗没有想到的是，大辽灭亡不久，金人立刻发兵攻打北宋。

宋军连辽军都打不过，更别提金军了，所以屡战屡败。

宋徽宗不愿承担亡国的恶名，于是连忙将皇位传给了儿子赵桓，即宋钦宗。

不久，金军攻破东京，俘虏了宋徽宗与宋钦宗。

金军将东京城内的钱财搜刮一空之后，押着宋徽宗、宋钦宗及宗室、后妃等数千人班师回朝，史称**"靖康之变"**。

临走前，金人立大臣张邦昌为皇帝，并建立"大楚"政权，延续了一百六十七年的北宋从此灭亡。

独家爆料台

靖康之变后，北方少数民族和汉族进一步融合。这个时期，北方各族人民又一次南迁，不仅让南方的劳动力得到补充，而且还带来了先进的生产技术和文化，使得南方经济得到快速发展。

第九章 南宋（上）：冤杀岳飞

靖康之变时，宋徽宗的儿子、宋钦宗的弟弟 —— 康王赵构正在外地搬救兵，侥幸逃脱。

等宋徽宗、宋钦宗被金人掳走之后，赵构跑到应天府登基称帝，建立南宋。他就是宋高宗。

你能当皇帝，那是叫花子娶老婆——没挑的！

宋高宗

南宋

应天府

宋高宗称帝后，很快便杀了金人的傀儡皇帝张邦昌。

金人很生气，立刻发兵收拾宋高宗。

宋高宗不敢迎战，就拼命地跟金人玩躲猫猫的游戏。

你要是能抓住我，算我输！

宋高宗虽然打仗不行，却擅长逃跑，甚至一度逃到了海上。

好汉不吃眼前亏，能人不做刀下鬼！

金军都生活在北方，不擅长水战，只好撤退。在撤退途中，十万金军却在到处都是水的黄天荡被八千宋军包围了。要不是卖国贼向金军献计，这十万金军恐怕要全军覆没。

高人指点，有惊无险！

十万金军好不容易逃出生天，岂料又被大将军岳飞暴打一顿！

跳网的鱼儿又吞钩——祸不单行啊！

岳飞

小贴士

你听说过"岳母刺字"的故事吗？说的是岳母担心岳飞被不肖之徒勾引，做出不忠之事，便用绣花针在岳飞背上刺下"精忠报国"四个大字。事实上，岳飞背上刺的并不是"精忠报国"，而是"尽忠报国"。

岳飞有一支部队,名叫"岳家军",个个能征善战。

岳家军中有一支精锐骑兵,名叫"背嵬军",十分厉害。岳飞曾用数百名背嵬军大败十万金军。

可以毫不夸张地说,金人一听到岳飞的名字就胆战心惊。

为了除掉岳飞,金人甚至对主张议和的大奸臣秦桧说,不除掉岳飞,议和免谈。

有岳飞这种智勇双全的将军在,收复失地,指日可待。但是,宋高

宗却跟秦桧一个德行，都主张议和。

为了跟金人议和，宋高宗在岳飞节节胜利的时候连发十二道金牌，将岳飞从前线召回。

岳飞一回京，就遭到秦桧等人的陷害，被关进了大牢。

在岳飞坐牢期间，南宋与金人达成了一个屈辱的协议：南宋向金人

称臣，并且每年赠送二十五万两白银、二十五万匹绢。此外，南宋还要将岳飞收复的大片土地归还给金人。

没过多久，岳飞与儿子岳云双双被杀。

杀人需要理由，更何况是杀岳飞这种高级别的将军呢！那么，秦桧是以什么罪名杀掉岳飞的呢？三个字：莫须有。

所谓"莫须有"，就是说或许有罪吧。

你是不是以为秦桧就是杀害岳飞的主谋？并非如此，真正杀害岳飞的主谋是宋高宗。

宋高宗为什么要杀岳飞呢？主要有三个原因：一、岳飞主战，宋高宗主和，宋高宗担心岳飞把议和之事给搅黄了。二、岳飞想打败金军，然后迎宋徽宗、宋钦宗还朝。可宋徽宗、宋钦宗一旦被迎回，把宋高宗这个皇帝置于何地呢？宋高宗还能继续做皇帝吗？三、岳飞功高震主，引来皇帝担忧，怕危及他的统治。

我留一个跟我不一心的员工何用！

独家爆料台

　　岳飞死后发生了一件非常奇怪的事：他的遗体不翼而飞。直到二十多年后，遗体才被找到。这是咋回事呢？原来，岳飞刚被害时，没人敢替他收尸。有一个善良的狱卒冒着生命危险将他的遗体悄悄背出城，埋葬在钱塘门外的九曲丛祠旁。直到临终前，狱卒才将这个秘密告诉儿子。待岳飞的冤案被平反后，狱卒的儿子将此事上报给了朝廷。朝廷又将岳飞改葬在西湖旁边的栖霞岭。今天，我们依然能在西湖旁看到岳飞墓。

第十章　南宋（下）：崖山之战

宋高宗虽然是皇帝，但是只有一个儿子，并且这个儿子还早夭了，以至于无子继承江山。

遇到这种情况怎么办？由于当时没有宋太宗赵光义一脉的人可供宋高宗挑选了，所以只能从赵匡胤一脉的人中挑选。

被宋高宗选中的接班人是赵匡胤的七世孙——赵昚（shèn），是为宋孝宗。

宋孝宗是个拥有雄才大略的明君，一上台便起用主战派，锐意收复失地。他虽然未能彻底改变局势，却使得金朝不再让南宋称臣。

多年后，当金朝渐渐变弱并且被蒙古高原上的蒙古政权打败的时候，南宋看到了报复金朝的希望，便决定联合蒙古灭掉金朝。

小贴士

你还记得当初北宋报复大辽的下场吗？北宋联合金朝灭掉大辽之后就被金朝灭掉了。如果南宋联合蒙古灭掉金朝，也肯定会步北宋的后尘，被蒙古灭掉。但是，被仇恨冲昏头脑的南宋君臣只顾一时痛快，一心要灭掉金朝。

有什么事等报
仇之后再说!

金哀宗听说南宋要跟蒙古结盟，立刻变成小乖猫，哭着喊着要跟南宋结盟，但南宋皇帝就是不答应。

报仇一时爽，
事后悔断肠!

金哀宗

随后，宋军与蒙古军两面夹击，打得金哀宗自缢身亡。

犯我大宋者，
虽远必诛!

骑在南宋头上作威作福一百多年的金朝从此灭亡。

金朝一灭亡，蒙古果然立刻发兵攻打南宋。

在进攻南宋期间，蒙古的可汗忽必烈还给国家改了个名字——"大元"，元朝就这么诞生了。

宋军哪里是元军的对手，所以延续了一百多年的南宋很快就灭亡了。

南宋大臣文天祥、陆秀夫等人不甘心亡国，于是拥立了一位小皇帝，并建立了一个小朝廷，继续跟元军死磕。

不幸的是，小皇帝很快就病死了。随后，大臣们又拥立小皇帝年仅七岁的弟弟做了皇帝，继续展开抗元斗争。

一个皇帝倒下去，还会有千千万万个皇帝站起来！

皇帝

元军穷追猛打，文天祥寡不敌众，不幸被俘虏。元军想让文天祥替他们卖命，但文天祥死活不干。

杀人不过头点地，脑袋掉了碗大个疤！

人生自古谁无死？留取丹心照汗青！

忽必烈非常钦佩文天祥，希望文天祥能为他所用，但文天祥亦宁死不从。忽必烈见文天祥一心求死，只好依了他。不久，文天祥被杀。

在走投无路之际，陆秀夫背着皇帝跳海自杀了，南宋的十万军民随后也都纷纷跳海殉国，史称"**崖山海战**"。南宋复国的愿望也彻底破灭了。

陆秀夫

宁愿死，也不做元军的俘虏！

南宋观察室

　　南宋的疆土只有北宋的三分之二，余下的三分之一全被金朝占领。金朝虽然多次南征，却未能灭掉南宋。而南宋也曾多次北伐，也未能收复失地。南宋与金朝谁也灭不了谁，本来可以相安无事，但南宋君臣却没有远见，一心要与蒙古联合灭金，反倒加速了南宋的灭亡。

第十一章　元朝（上）：无敌的蒙古人

蒙古人曾经纵横欧亚大陆，但在走上巅峰之前，曾被大辽、金朝欺凌，只能忍气吞声。

直到一个伟大的人物出现，蒙古人才开始崛起，这个人就是一代天骄成吉思汗。

成吉思汗本名叫铁木真，他爸也速该是蒙古部落中乞颜部的首领。

在他九岁时，也速该便带他去相亲。这本来是一件大喜事，没想到却变成了一件丧事，因为在回家的路上也速该被仇人毒死了。

不久，乞颜部的人把铁木真和他母亲赶出了乞颜部。

不过，铁木真在多年后又重新回到乞颜部，并且成为乞颜部的首领。在铁木真的带领下，乞颜部迅速在蒙古高原上崛起。

其他部落的首领见铁木真和他的部落迅速壮大，心里泛酸，便联合起来要灭了铁木真，这便是著名的"十三翼之战"。

由于对手的实力十分强大，铁木真在这次战役中并没有获胜。

但由于对手虐待俘虏，失去了人心，而铁木真趁机笼络人心，反而重新壮大了实力。

凭借强大的实力，铁木真一步步吞并了蒙古高原上所有的部落，并建立了蒙古政权，还被尊称为"成吉思汗"。

我是成吉思汗，独霸蒙古高原！

在成吉思汗的带领下，蒙古军队对欧亚各国发动了大规模战争，并且征服了很多国家。

就这样被你征服，切断了所有退路！

成吉思汗的一生不是在打仗，就是在打仗的路上，最后病死在打仗途中。

于我而言，打仗就是家常便饭！

成吉思汗死后，他的子孙率领蒙古军队击败了亚洲和欧洲的很多国家，建立了一个横跨欧亚大陆的蒙古帝国。

众所周知，忽必烈即位后将国号改成了"大元"。然而，元朝后期，因为朝廷内斗和腐败等一系列问题，以致军队逐渐变弱。

元朝后期，统治力大不如以前，但是压榨百姓的本事却大幅提升。就在百姓怨声载道的时候，一场由白莲教策划的起义即将爆发。

元朝期间，统治阶级实行民族歧视政策，将国人分为四个等级：第一等是蒙古人。第二等是色目人，比如党项人、畏兀儿人等。第三等是汉人，这里的汉人可不是指所有的汉族人，而是以前金朝统治下的各族人民，甚至还包括契丹人、女真人。第四等是南人，就是以前南宋统治下的人民。因为他们最后被征服，所以地位最低。四等人的待遇各不相同，在政治、经济、法律上地位不平等。这种民族歧视政策引发社会动荡，也是元朝灭亡的重要原因之一。

第十二章　元朝（下）：红巾军起义

元朝末年，政治腐败，致使民不聊生。白莲教领袖韩山童趁机宣称，天下将要大乱，届时弥勒佛降生，明王出世，带领大伙儿走向光明。

韩山童自称是宋徽宗的八世孙，应当光复大宋，成为天下之主。

有一年，元朝政府强征十五万民工去修黄河。韩山童暗中编造了一个谶语，然后聚集民工起义。

与此同时，韩山童悄悄刻下一个独眼的石人，并将其埋在即将开挖的河道中。当民工挖出石人时，顿时热血沸腾。

随后，韩山童与队友刘福通召集了三千人马准备起义。

然而，两人还没有来得及起义就被告发，结果韩山童被杀，儿子韩林儿与刘福通则仓皇逃跑了。

不久，刘福通潜入颍州并发动起义。各地民众纷纷加入，刘福通一下子聚集了十几万人。由于起义军头裹红巾，因此被称为"红巾军"，而这场起义也被称为"**红巾军起义**"。

很快，刘福通便拥立韩林儿称帝，并定国号为"宋"。由于韩山童被称为"明王"，因此韩林儿被称为"小明王"。

没过多久，一个半路出家的和尚也加入了起义军，这个和尚就是元朝的掘墓人——朱元璋。

小贴士

朱元璋打小就是个苦命人，十七岁时因为家乡发生瘟疫、闹饥荒，家里人差点死光。为了讨生活，他只好出家当和尚。二十四岁时，他参加了红巾军，从此开启传奇的一生。

人生开挂，大红灯笼高高挂！

历史的经验告诉我们，最先出头的人往往会成为炮灰，韩林儿、刘福通就是活生生的例子。

枪打出头鸟，说得一点没错！

后来，刘福通不幸战死，韩林儿只好去投奔朱元璋。但不幸的是，朱元璋的部下在护送韩林儿渡江时翻了船，致使韩林儿被活活淹死。

小贴士

话说，好好的船咋说翻就翻了呢？很多人怀疑韩林儿是被朱元璋蓄意谋杀的。当然，也有人怀疑是朱元璋的部下为讨好朱元璋，自作主张杀掉韩林儿的。

此时，元军已经被起义军打得半死不活，元朝灭亡是迟早的事。

有资格跟朱元璋争天下的只有三个人：陈友谅、张士诚和方国珍。很快，朱元璋便向他们宣战了。

陈友谅人品最差，但实力最强，尤其擅长打水仗，水军人数是朱元璋的数倍。为了攻打朱元璋，他还制造了数百艘楼船。

可惜的是，陈友谅在鄱阳湖大战中被朱元璋的人射杀了。

张士诚是个硬骨头，但实力远不如朱元璋，最后被朱元璋活捉，不久便上吊自杀了。

方国珍是个大滑头，在元朝和朱元璋之间玩平衡外交。等朱元璋派人去收拾他时，他一看打不过就立刻投降了。

朱元璋消灭陈友谅、张士诚和方国珍之后，在南京称帝，并建立大明王朝。

接下来，朱元璋开始集中精力收拾元朝政府。

当明军打到元朝的都城时，元顺帝带着老婆孩子灰溜溜地逃回他们的老家——蒙古高原，延续了九十八年的元朝从此灭亡。

独家爆料台

元朝统治者虽然被赶回蒙古高原，但仍不肯承认已经亡国，所以仍以"大元"为国号，史称"北元"。后来，大臣篡夺汗位，北元从此灭亡。此后，明朝人称东蒙古各部为鞑靼（dá dá），西蒙古各部为瓦剌（là）。

第十三章　明朝（一）：屠杀功臣

为了巩固江山，一些出身寒微、不够自信的帝王会卸磨杀驴，屠杀功臣，但比朱元璋更狠的恐怕没有。

朱元璋究竟有多狠呢？曾经帮他夺得天下的功臣，除了死得早的侥幸躲过一劫，余下的基本上被他杀光了。

那么，朱元璋是如何除掉这些功臣的呢？主要靠两个惊天大案：

一、胡惟庸案

胡惟庸这人十分狡猾，特别擅长讨好朱元璋，所以朱元璋一步步将他提拔为丞相。

自从做了丞相，胡惟庸开始变得有些膨胀，经常欺上瞒下，结党营私，独断专行。

后来，胡惟庸密谋造反，但还没动手就被队友出卖了。朱元璋二话不说，杀了他全家。

"胡惟庸案"本来跟功臣们八竿子打不着，但朱元璋愣是将很多功臣都牵扯进去了。此案，朱元璋一共屠杀了三万多人。

其中，最冤枉的要数"大明开国第一功臣"李善长。他被当成了胡惟庸的同党，惨遭灭族。

无论谁造反李善长都不可能造反，因为他是大明开国第一功臣，生前封公，死后封王，儿子娶公主，亲戚都是大官，这已经是作为人臣能享受到的最高待遇。他跟着别人造反，还不一定能有这种待遇，那他还有必要冒着灭族的危险去造反吗？说他造反，不过是朱元璋为了诛杀功臣找的借口罢了。

你有没有良心？

你猜！

李善长

胡惟庸被杀后，朱元璋废掉了一千多年来的丞相制度。后来，清朝也没有再设置丞相一职。所以，胡惟庸成了中国历史上最后一位丞相。

一不小心成了最后一位丞相！

二、蓝玉案

蓝玉是大明王朝的开国功臣，曾立下赫赫战功。不过，他仗着功劳大，经常为非作歹。

朱元璋曾多次敲打他，然而并没有什么用。朱元璋见他屡教不改，便以谋反罪杀了他。

紧接着，朱元璋又借"蓝玉案"大做文章，诛杀了一批骁勇善战的将领，致使一万多人被杀。

当功臣宿将都被朱元璋屠戮殆尽之后，朱元璋才放心地将皇位传给皇太孙朱允炆。朱允炆就是建文帝。

再也没有人能威胁到我孙子的皇位了吧！

小贴士

你是不是很好奇，朱元璋为什么把皇位传给了皇太孙而不是皇太子呢？事实上，朱元璋本来想将皇位传给太子朱标，但朱标不幸英年早逝。为避免后世子孙争抢皇位，朱元璋并没有在众多儿子中挑选继承人，而是严格按照嫡长子继承制，选择让嫡长孙朱允炆做继承人。

皇位天注定，谁都别想争！

知识加油站

　　你有没有发现一个现象？有的朝代用谥号称呼皇帝，有的朝代用庙号称呼皇帝。这是为什么呢？原来，皇帝通常都有谥号、庙号和年号。谥号是对皇帝一生功过的评价，庙号是皇帝死后在太庙中被供奉时所称呼的名号，年号是用来纪年的。除了秦朝的皇帝没有谥号外，唐朝以前的皇帝都用谥号来称呼，比如什么文帝、什么武帝。从唐朝到元朝，皇帝的谥号比外国人的名字还长，所以后人就改用庙号称呼他们，比如什么太祖、什么太宗。到了明清时期，皇帝大多只用一个年号，所以改用年号称呼他们，比如朱允炆的年号是建文，所以大家叫他"建文帝"。

第十四章　明朝（二）：靖难之役

朱元璋大肆屠杀功臣，自以为帮建文帝清除了一切威胁，却未曾想到自己竟坑害了建文帝，致使他失去江山，并且落得生死不明的下场。

朱元璋到底做了什么事竟坑害了建文帝呢？他干了两件事：

第一件事，分封皇子到各地做藩王，并且给每位藩王配备三千到一万九千名不等的护卫。朱元璋原本的目的是让藩王保卫中央，但藩王手里有兵，一旦坐大，很容易威胁到中央政权。

机智如我，一切
尽在掌握之中！

第二件事，留下祖训，当朝中有奸臣祸国时，各地藩王有权发兵征讨，以清君侧，也就是清除皇帝身边的奸臣。这也恰恰给藩王造反提供了借口。

人嘴两张皮，
咋说咋有理！

借口

明朝有那么多能臣，难道就没有一个人看出这么做存在很大的问题吗？当然有。有一位大臣曾劝过朱元璋，可惜朱元璋不但不听，反而还将他打入大牢，让他死在了牢房中。

果然，建文帝一即位便感受到了各地藩王的威胁。为了消灭这些藩王，他决定削藩。

你这是在作死的道
路上越走越远！

削藩

建文帝削藩的行为逼反了他的四叔，也就是藩王中实力最强的燕王朱棣（dì）。

朱棣立刻搬出朱元璋留下的祖训，声称建文帝身边有奸臣，然后打着清君侧、靖国难的旗号起兵造反，史称"**靖难之役**"。

朱棣本就骁勇善战，再加上朱元璋早已把能征善战的将领屠戮殆尽，所以战争一打响，建文帝就显得十分被动。

建文帝是正牌皇帝，举国上下都是他的拥趸。他本来有很多机会杀掉朱棣，但他却迂腐地对全军将士下令说："千万不要伤了我叔叔，以免让我背负杀叔之名。"

士兵因为投鼠忌器，都不敢对朱棣下死手，这才让朱棣一次次逃脱。

没过几年，朱棣便攻破了都城。

当朱棣踏进都城的那一刻，他突然发现皇宫失火了。

等大火被扑灭之后，一个太监指着一具被烧得面目全非的尸体对朱棣说，那就是建文帝。

尽管朱棣也不确定被烧死的人到底是不是建文帝，但他一口咬定死者就是建文帝。

小贴士

朱棣为什么一口咬定死者就是建文帝呢？其实，他是想让全天下人都知道，建文帝已经"死"了，让建文帝的拥趸彻底断了复辟的念头。

建文帝到底是生是死呢？很多人都认为，建文帝并没有死，而是化装成和尚逃出了皇宫。事实上，就连朱棣本人也怀疑建文帝还活着。

据说，朱棣在称帝后曾派大臣胡濙（yíng）以寻访张三丰的名义在全国各地寻找建文帝，还派郑和下西洋去国外寻找。

十多年后的一天深夜，胡濙匆匆回京去见朱棣。

当时，朱棣已经休息，听说胡濙求见，连忙去见胡濙。

据史料记载，两人彻夜长谈后，朱棣从此打消了疑虑。这话是什么意思呢？也就是说，建文帝当初很可能逃出了皇宫，并且被胡濙找到了。此外，朱棣还确定建文帝已经对他构不成威胁了。

称帝后，朱棣在自己的封地北平修建了北京城。后来，他又将都城从南京迁到了北京。直到今天，北京一直都是首都。

大明启示录

　　"靖难之役"是朱元璋大肆分封藩王埋下的祸根。他的本意是想让藩王拱卫大明江山，不料却给建文帝带来一场灾难。再加上建文帝在"靖难之役"中应对失误，才导致他被轻易地夺去了皇位，也使得朱棣成为中国历史上唯一一位造反成功的藩王。

第十五章　明朝（三）：土木之变

明成祖朱棣死后，儿子明仁宗继承了皇位。明仁宗虽然只做了一年的皇帝便驾崩了，却与儿子明宣宗开创了一个辉煌的盛世——"仁宣之治"。

明宣宗虽然一世英名，却干了一件糊涂事——教太监读书。

太监的可怕之处很快就在明宣宗的儿子明英宗执政时期凸显了出来。

明英宗有一个非常宠信的大太监，叫王振。王振有多嚣张呢？他一掌权，便把朱元璋在宫中所立的那块禁止宦官干政的铁牌给摘了。

后来，瓦剌的首领也先控制了蒙古高原上的大部分地盘，野心再次膨胀起来，便率领大军进犯明朝。

为了立功，王振竟怂恿明英宗御驾亲征。明英宗对王振向来言听计从，便带着几十万大军浩浩荡荡地出发了。

也先为了诱敌深入，便主动后撤。王振误以为也先怕了明军，便不顾队友劝阻，继续前进。直到明军的先锋部队被也先打得溃不成军时，王振才知道害怕，并决定撤军。

撤就撤吧，王振偏偏要带着明英宗去他老家炫耀一把。

谁能想到王振竟然会处处为乡亲们着想！为避免大军践踏乡亲们的庄稼，王振不断地改变行军路线。他这么一折腾，结果被敌军追上。

两军在土木堡打了一仗，结果明军全军覆没，明英宗沦为阶下囚，王振死于乱军之中。这事被称为"土木之变"。

也先本来想拿明英宗敲诈勒索大明，哪承想大明又立了明英宗的弟弟朱祁钰做皇帝，是为明代宗，并尊明英宗为太上皇。

就这么砸手里了！

大明

太上皇

也先气急败坏，一口气打到北京城下。不过，任他使出洪荒之力，仍然拿不下北京城。

也先见占不到半点便宜，便决定放明英宗回国，跟大明握手言和。

明代宗

我才不想跟你化干戈为玉帛呢！

冤家宜解不宜结！

北京

大臣听说明英宗即将被放回，都十分高兴。但有一个人很不高兴，就是明代宗。

小贴士

明代宗为什么不希望明英宗被放回呢？因为他得考虑，如果明英宗被放回，他还能不能继续做皇帝。

有一天，明代宗很生气地对大臣抱怨说："逼我做皇帝的是你们，要把太上皇接回来的也是你们，你们打算将我置于何地？"

大臣们纷纷安慰明代宗说："你就把心放进肚子里吧，即便太上皇回来了，皇位仍然是你的。"大臣们好说歹说，明代宗才答应把明英宗接回来。

不久，明英宗被放回。不过，他一回来立刻被明代宗软禁在皇宫中。

　　明英宗昏聩无能，大太监王振专权，干涉朝政，致使朝政混乱，民不聊生。在这种情况下，两个都不懂用兵打仗的人却组团亲征瓦剌，这才导致一个被杀，一个沦为阶下囚。可以说，两人都是咎由自取。

第十六章　明朝（四）：夺门之变

明代宗虽然坐稳了皇位，却还有一件事让他一直耿耿于怀。这件事跟太子之位有关。

明代宗即位前，明英宗的儿子朱见深便被立为太子。明代宗即位后，朱见深依然是太子。这就出现一件非常尴尬的事：太子不是皇帝的儿子。

你知道明代宗为了让亲儿子做太子有多拼吗？他堂堂一国之君竟然自降身段去贿赂大臣。

经过一番暗箱操作之后，明代宗终于如愿以偿地废掉了朱见深，并让自己的独生子做了太子。

不过，让明代宗意想不到的是，儿子才做了一年的太子就夭折了。更悲催的是，他本人年纪轻轻却突然得了重病。

有一天，明代宗跟大臣们约定第二天一大早到皇宫上朝。
到了第二天，大臣们却突然被告知，明英宗复辟了。

这是咋回事呢？原来，明英宗的死忠粉趁明代宗病重之际悄悄发动政变，把明英宗再次扶上皇位，史称"**夺门之变**"。

夺门之变

不久，明代宗便去世了。有人说他是病死的，也有人怀疑他是被明英宗害死的。至于他是怎么死的，恐怕只有天知道了。

拿了不属于你的东西会双倍失去！

随后，朱见深被重新立为太子。

明英宗去世后，朱见深即位，史称"明宪宗"。

明宪宗曾经干过一件非常奇葩的事——娶了一把屎一把尿把他拉扯大的保姆作贵妃。

你有故事我有酒，余生我们一起走！

万贵妃　明宪宗

万贵妃比明宪宗大十七岁。起初，她只是一个小宫女，在明宪宗两岁时，便做了明宪宗的保姆。等到明宪宗长大后，两人却成了恋人。

爱你的心永不改变！

说来也怪，尽管后宫有很多年轻貌美的女子，但明宪宗唯独宠幸万贵妃一人。

万贵妃是个蛇蝎女人，自己没孩子，也见不得别的女人为明宪宗生孩子。

后来，万贵妃听说有个女人偷偷诞下一位皇子，立刻派太监去杀皇子，但太监没这么做，还悄悄把皇子抚养长大。

有一次，明宪宗感叹自己后继无人，太监这才敢说出实情。明宪宗乐坏了，当即封儿子为太子。然而，太子的母亲很快便离奇死亡，而将太子抚养长大的太监也自杀了。

明宪宗的妈妈周太后担心万贵妃会加害太子，便亲自抚养太子。

几年后，万贵妃因病去世。万贵妃死后，明宪宗也整天闷闷不乐的，不久也去世了。

明宪宗死后，太子即位，他就是大明王朝少有的明君——明孝宗。在明孝宗的领导下，国家很快兴盛起来，史称"**弘治中兴**"。

明孝宗虽然是一代明主，却生出一个十分不靠谱的儿子，就是明武宗。

明武宗有多么不靠谱呢？有一年，他听说宁王造反，不但不生气，还挺开心，然后封自己为威武大将军，要亲自平叛。

明武宗尚未到达前线，宁王就被俘虏，而他甚至想把宁王放了，亲自捉拿。后来经过大臣苦苦劝说，他才作罢。

明武宗一生痴迷于玩乐，后来因为捕鱼掉入水中生了一场大病，结束了自己荒唐的一生。

从明英宗到明武宗，先后经历了五位皇帝。在这五位皇帝统治明朝的八十多年间，虽然中间有贤明君主治理的时期，但总体上明朝还是在走下坡路。

第十七章　明朝（五）：大礼议

明武宗没有子嗣，让堂弟朱厚熜白白捡了一个皇位，他就是嘉靖皇帝。

运气好到爆表，人生无限美好！

嘉靖皇帝

然而，嘉靖皇帝还没有高兴几天，便遇到了一件糟心事：大臣们非要逼着他管明武宗的爸爸叫爸爸。

　　话说，大臣们是不是没事找事呢？也不全是。因为大臣们认为，嘉靖皇帝继承的是明武宗这一系的皇位，所以才坚持让嘉靖皇帝管明武宗的爸爸叫爸爸。

　　嘉靖皇帝不愿妥协，便与大臣们发生了一场长达三年多的政治事件——大礼议。其间，很多大臣被罢免。最终，嘉靖皇帝成为赢家。

多年后，又发生了一件很要命的事，那就是"壬寅宫变"。

有一天，嘉靖皇帝正在睡觉，突然闯进来十几名宫女，企图把他勒死。其间，一个宫女突然叛变，将此事告诉了皇后。皇后匆匆赶来，救下了嘉靖皇帝。

我福大命大造化大！

那么，宫女为什么要冒死谋杀嘉靖皇帝呢？其实这都是炼丹惹的祸。

小贴士

嘉靖皇帝一心想长生不老，便找了一大批道士给他炼丹。嘉靖皇帝经常吃带有毒性的丹药，渐渐变得喜怒无常，动不动就鞭打宫女。宫女们忍无可忍，才合伙谋杀他。

祝你早日成为短命鬼！

经历过"壬寅宫变"之后，嘉靖皇帝不再上朝，一门心思地炼丹，结果给子孙后代做了一个坏榜样。

万历皇帝跟嘉靖皇帝一样，也不爱上朝。在位四十八年，他有二十八年没去上朝。

此外，还有几位皇帝跟嘉靖皇帝一样，都是因为吃丹药死掉的。

　　嘉靖皇帝的一生，既有值得称赞的地方，也有让人诟病的地方。他本来是一位拥有雄才大略的君主，所以他在前半生开创了"嘉靖新政"。后半生，他却迷信长生不老，并宠信奸臣，致使国家混乱，民不聊生，令人唏嘘。

第十八章　明朝（六）：自杀殉国

前几任皇帝昏庸，轮到崇祯皇帝接班时，大明王朝已经烂到骨子里了。更让崇祯皇帝郁闷的是，他一即位就碰到了明朝历史上最嚣张的大太监魏忠贤。

魏忠贤有多嚣张呢？皇帝称"万岁"，他称"九千岁"。

魏忠贤是前任皇帝捧红的，前任皇帝去世后，他一直琢磨不透崇祯皇帝是敌是友。为了试探崇祯皇帝对他的态度，魏忠贤竟指使一帮人上书攻击自己及自己的党羽。

听说过七伤拳吗？
先伤己，再伤人！

　　无论他人如何攻击魏忠贤及其同伙，崇祯皇帝始终不表态，这给魏忠贤造成一种错觉——皇帝对他很友善。

你想多了！

陛下是自己人！

崇祯皇帝

　　等魏忠贤一放松警惕，崇祯皇帝突然出手，打他一个措手不及，不但夺了他的权，还将他赶出京城。

你的演技天下无敌！

　　此刻，如果魏忠贤夹着尾巴做人，没准还能保命，但他偏不，还雇了一帮亡命之徒为自己卖命。崇祯皇帝很生气，要收拾他。他猜到自己要完蛋，便上吊自杀了。

除掉魏忠贤之后，崇祯皇帝又碰到了两个对手，一个是大清王朝的建立者皇太极，另一个是农民起义军的首领李自成。

皇太极曾率兵打到北京城下，并且差点拿下北京城。

就在大明王朝风雨飘摇的时候，生活在水深火热中的老百姓也纷纷揭竿而起。其中有一个名震天下的人物，就是闯王李自成。

后来，李自成在西安称帝，并建立大顺政权。几个月后，他便攻破了北京城。

崇祯皇帝见大势已去，先杀死老婆孩子，然后吊死在煤山的一棵歪脖子树上，享年三十四岁，延续了二百七十六年的大明王朝从此灭亡。

北京沦陷后，大明王朝还没有完全结束。明朝宗室逃到南方后又建了一个新朝廷，史称"南明"。十多年后，南明政权也被消灭了。

起初，明将吴三桂听说皇帝有危险，立刻率兵前去勤王。还没到达北京，他就听说北京已经沦陷，皇帝已经升天。

此刻，兵微将寡的吴三桂只有两条路可选：一是投靠李自成；二是投降大清。

选谁好呢？吴三桂本倾向于投靠李自成，因为他一家三十多口人此刻都在李自成手里。不过，吴三桂后来改变了主意。

掳我小妾，罪无可恕！
打我爸爸，一律当诛！

话说，吴三桂会因为小妾被抢或者爸爸被打而投降大清吗？可能性不大。那他为什么还会投降大清呢？主要有两个原因：一、在他手握重兵时，李自成的人就敢打他爸爸，抢他小妾，一旦他投降李自成，他与家人都未必能活；二、吴三桂早已看出李自成不是干大事的人，早晚会败亡，投靠他终究是死路一条。

两害相权从其轻！

吴三桂投降大清后，李自成很快就杀了他全家。至于陈圆圆，后来侥幸回到了吴三桂身边。

小贴士

对于陈圆圆的结局，有三种说法：第一种，吴三桂有了新欢后，陈圆圆渐渐失宠，不久，出家做了尼姑。第二种，吴三桂反清失败时，陈圆圆自杀了。第三种，吴三桂死后，陈圆圆隐居了。

自古红颜多薄命，香消玉殒谁人怜？

陈圆圆

大明名人堂

　　崇祯皇帝是一位志向远大的皇帝。他一即位便整治阉党，平反冤狱，没日没夜地工作。但可惜的是，当时大明王朝在内朝政混乱，农民起义不断，在外又有清军不断入侵。在内忧外患的情况下，即便崇祯皇帝拥有洪荒之力，也回天乏术，所以才落得自杀殉国的下场。

第十九章　清朝（一）：清军入关

大清王朝是由女真族建立的。

在明代，女真分为三大部。一个叫努尔哈赤的人，凭借祖上留下来的十三副铠甲，一举统一了女真各部，定国号为"大金"，史称"后金"。

努尔哈赤死后，他的第八个儿子皇太极做了接班人。

皇太极在东北称帝时，不但将族名"女真"改为"满洲"，还将国号"大金"改为"大清"。大清王朝就这么诞生了。

满洲

大 清

我是皇太极，我为大清代言！

皇太极的弟弟多尔衮特别能打仗，就是他率领清军入关并将李自成赶出北京的，大清这才得以将都城从东北迁到北京。

大将出马，一个顶俩！

多尔衮

皇太极去世后，六岁的儿子福临继承了皇位，是为顺治皇帝。不过，大权都掌握在摄政王多尔衮手中。

你的地盘，听我的！

顺治皇帝

据说，顺治皇帝的妈妈孝庄太后曾嫁给多尔衮，这事可信吗？不可信，有三个理由：

一、有人说多尔衮与孝庄太后是一对青梅竹马。其实，孝庄太后在内蒙古长大，而多尔衮在东北长大，两人不可能是青梅竹马。

二、有人说孝庄太后是为了报答多尔衮将她儿子扶上皇位才嫁给多尔衮的。事实上，当时多尔衮跟顺治皇帝的大哥豪格争皇位，两人谁都不服谁，这才让顺治皇帝捡了个大便宜。

三、多尔衮曾自称"皇父摄政王"，但这并不是因为他娶了孝庄太后，而是因为他仗着功劳大，妄自尊大。

大清王朝能入主中原，多尔衮功不可没，所以死后被追封为皇帝。不过，顺治皇帝很快就撤销了对他的追封。

顺治皇帝为什么要撤销对多尔衮的追封呢？因为多尔衮在做摄政王期间没少干出格的事。比如，自称"皇父摄政王"，所用的仪仗、侍从等跟皇帝的差不多。

有一天，皇宫里传出一个爆炸性新闻：年仅二十四岁的顺治皇帝驾崩了。不过，有人爆料，说顺治皇帝并没有驾崩，而是出家了。爆料者还声称，顺治皇帝是因为心爱的董鄂妃英年早逝才选择出家的，皇室为了顾及颜面，才对外谎称顺治皇帝驾崩了。

这个八卦有点大！

顺治皇帝到底是驾崩了还是出家了呢？应该是驾崩了，并且是死于天花，有三个理由：

一、顺治皇帝驾崩前一天，向大臣口授遗诏时，曾坦言自己得了天花，快要不行了。这事还被大臣记载在书里。

告诉后人，快点研制天花疫苗！

大臣

二、当时，有一个和尚明确记录过一件事情，那就是顺治皇帝曾留下遗诏让和尚将他的尸体火化。

陛下放心地走吧！

和尚

三、他儿子康熙皇帝能即位，有一个很重要的原因，就是曾经得过天花，并且身体已经产生免疫。

我因祸得福呀！

康熙皇帝

大清观察室

　　清军入关，打跑李自成，占领北京，并定都北京，这不但改变了满族人与大清的命运，同时对中国的经济、文化等也产生了深远的影响。

第二十章　清朝（二）：千古一帝

如果将中国历史上所有的皇帝聚在一起，比一比看谁在位时间最长，那么八岁登基，六十九岁去世，在位时间长达六十一年的康熙皇帝准能轻松夺冠。

好好活，慢慢过，拿个冠军挺不错！

康熙皇帝

在位期间，康熙皇帝有没有干过一些让人听了五体投地的事呢？当然有，今天咱们就来说一说他干过的三件被人津津乐道的事。

一、擒鳌拜

鳌拜出身将门，精通骑射，曾跟皇太极一起打天下，并且获得过无数军功章。

康熙皇帝刚即位时年仅八岁，鳌拜成了辅政大臣。

鳌拜为人十分凶悍，经常拿康熙皇帝当空气，康熙皇帝内心十分愤怒。

但如何才能制服鳌拜呢？康熙皇帝灵机一动，找来一帮威武雄壮的小伙子，天天练摔跤。

鳌拜误以为康熙皇帝是个不务正业的体育迷，完全没把这件事放在心里。

待时机成熟，康熙皇帝便召鳌拜进宫，毫无防备的鳌拜一踏进宫中就被练习摔跤的小伙子们掀翻在地。

随后，大臣们一口气给鳌拜列了三十条罪状。按照大清律令，应该把鳌拜杀了，但康熙皇帝念在他曾立过大功，改判他终身监禁。

手里捧着窝窝头，菜里没有一滴油，监狱里的生活是多么痛苦呀，一步一个窝心头！

监狱

二、平三藩

清军刚入关时封了三个明朝降将做藩王。

三藩兵强马壮，康熙皇帝担心将来降不住他们，便下令撤藩。

藩王不可信，早降早安心！

撤藩

三位藩王中实力最强的平西王吴三桂当然不干了，第一个抄起家伙反了。

撤藩不是你想怎样就怎样！

撤藩

吴三桂为了增加胜算，还拉着另外两个藩王一起造反。

其中一位藩王不愿入伙，却被自己的儿子软禁，然后他儿子与吴三桂一起反了。

正当吴三桂跟清军死磕时，没想到他的两个猪队友因为干不过清军双双投降了。

吴三桂只好独自扛起反清的大旗。不久，他在湖南强行称帝，并建立大周政权。

不久，吴三桂便病死了。没有吴三桂主持大局，即位的孙子很快便兵败自杀。至此，三藩之乱被彻底平定。

结局早已注定，三藩终究不会赢！

三、收复台湾

早在明朝末年，荷兰殖民者便抢占了中国的宝岛台湾。这一占，便是三十多年。

宝岛处处都是宝！
荷兰殖民者

明朝灭亡后，有个叫郑成功的将军，说什么也不愿意降清，但他又打不过清军，为了找个容身之地，便决定夺回台湾。

成功出马，马到成功！
郑成功

郑成功三下五除二便打跑了荷兰殖民者并收复台湾。

没过几个月，郑成功便去世了。等到他孙子接手台湾时，康熙皇帝认为是收复台湾的大好时机，便派人攻打台湾。郑成功的孙子打不过清军，只好投降，康熙皇帝最终收复了台湾。

大清名人堂

康熙皇帝是一个文治武功都十分了得的皇帝。在文治方面，他勤政爱民，积极笼络人才，大力发展经济。在武功方面，他擒鳌拜，平三藩，收复台湾，挫败沙皇俄国的侵略，三征噶尔丹。他是统一多民族国家的捍卫者，也是"康乾盛世"的奠基者，被誉为"千古一帝"。

第二十一章　清朝（三）：九子夺嫡

康熙皇帝儿女众多，仅儿子就有三十五个。但是让他头大的是，有九个儿子为了争夺皇位，不惜骨肉相残。

在清朝，皇子又被称为"阿哥"。在这九位皇子中，除三阿哥没有什么存在感外，其他八位可分为三大阵营，分别是太子党、四阿哥党和八阿哥党。

"太子党"的成员只有太子，太子在兄弟中排行老二，所以他是二阿哥。"四阿哥党"的核心是四阿哥，成员有十三阿哥。"八阿哥党"的核心是八阿哥，成员还有大阿哥、九阿哥、十阿哥和十四阿哥。

四阿哥党　　太子党　　八阿哥党

胜负未定，人人皆有可能！

事实上，皇位本来是二阿哥的囊中之物。因为二阿哥的妈妈是康熙皇帝的第一任皇后，并且还是康熙皇帝最宠爱的老婆，他也是康熙皇帝最喜爱的皇子。康熙皇帝为了他，一改大清王朝从不立储君的惯例，封他做了太子，也使他成为大清王朝唯一一位被册立的太子。

高配人生，谁与争锋！

二阿哥

很可惜，二阿哥不争气，还时常干一些越位的事，搞得康熙皇帝很没有安全感，以致被废。

大阿哥见二阿哥被废，便惦记上了太子之位，但他的智商却配不上太子之位。

小贴士

　　大阿哥究竟有多蠢呢？就拿二阿哥被废这件事来说吧，二阿哥虽然被废，但仍是康熙皇帝的心头肉，明眼人都能看出来，但大阿哥却看不出来，还对他爸说："如果你怕杀二弟脏了你的手，我可以代劳。"康熙皇帝听后，差点被气死。

　　康熙皇帝看出大阿哥的意图之后，明确告诉天下人，永远不可能让大阿哥做太子。

癞蛤蟆吞月亮——
痴心妄想！

大阿哥见自己没有做太子的命，又转而支持八阿哥。

可笑的是，大阿哥只会帮倒忙。

大哥，你不帮忙就是
对我最大的帮助！

八阿哥

有一次，大阿哥对康熙皇帝说，算命先生说八阿哥有帝王相。康熙皇帝听后，还以为八阿哥已经迫不及待地想当皇帝了，立刻把八阿哥叫来训斥一番。

你为什么总喜欢干
一些亲者痛、仇者
快的事呢？

虽然二阿哥不争气，但是康熙皇帝仍然想让他继续做太子。

为了试探大臣们的态度，康熙皇帝谎称要从众多儿子中选一位太子，结果大臣们一致支持八阿哥。

后来康熙皇帝认为八阿哥有结党之嫌，就把他训斥了一番。

最后，康熙皇帝强行让二阿哥重新做了太子。很可惜，二阿哥仍屡教不改。

康熙皇帝大为失望，又把二阿哥给废了。这下，二阿哥彻底被淘汰了。

不久，在众皇子中呼声最高的八阿哥也遭淘汰。

八阿哥被淘汰是因为一场误会。有一次，他给康熙皇帝送了两只鹰。康熙皇帝去看的时候，却发现两只鹰都已奄奄一息。康熙皇帝认为他是在诅咒自己早死，甚至气得要跟他断绝父子关系。

二阿哥与八阿哥双双出局，十四阿哥却意外成了最大的"黑马"。

十四阿哥是八阿哥党的成员。他不但有八阿哥党做后盾，就连康熙皇帝也非常喜欢他，曾任命他为"大将军王"，让他率兵讨伐敌国。

你说大将军王有没有资格做皇帝？

十四阿哥

就在众人一致认为康熙皇帝会传位给十四阿哥的时候，岂料自称"天下第一闲人"的四阿哥却做了皇帝。他就是雍正皇帝。

大家好，我是一位不争不抢的绅士！

天下第一闲人

四阿哥

大清观察室

康熙皇帝虽然文治武功都非常了得，但与唐太宗一样也无法避免骨肉相残。九子夺嫡的血腥程度在历代的夺嫡事件中都堪称空前绝后，它不但让康熙皇帝头疼不已，也给朝廷带来了很多负面影响。

第二十二章 清朝（四）：康乾盛世

关于雍正皇帝是如何继承皇位的，至今依然是个谜。不过，民间却流传着很多种说法，但大多都说他得位不正。

雍正皇帝在即位前的爵位是雍亲王。为了标榜自己是清白的，他将自己的年号定为"雍正"，意思是说"雍亲王得位正"。

解释就是掩饰，掩饰就是确有其事！

那么，雍正皇帝即位到底合不合法呢？咱们先来看看雍正皇帝是怎么继承皇位的。关于雍正皇帝即位的说法主要有三种：

第一种：改诏篡位说

相传，雍正皇帝将遗诏中"传位十四子"中的"十"字改成了"于"字，就变成了"传位于四子"。

传位于四子

事实上，大清用的是繁体字"拾"，是无法改成"于"字的。

此外，遗诏有四份，分别用汉文和满文两种字体写成，即便更改了汉文，满文也没那么容易篡改。所以说，"改诏篡位说"并不成立。

遗诏可不是那么好改的！

第二种：遗诏即位说

相传，康熙皇帝曾留下遗诏让雍正皇帝即位。那么，遗诏真的存在吗？确实存在，并且被保存在档案馆中，我们今天依然可以看到。

但是，由于遗诏是在雍正皇帝即位后才颁布的，所以很多人怀疑是雍正皇帝伪造的。

第三种：无诏夺位说

据说，康熙皇帝是突然驾崩的，并未留下遗诏，是雍正皇帝趁机抢了皇位。

从整体来看，"改诏篡位说"压根不成立。如果"遗诏即位说"成立，那么雍正皇帝即位是合法的。如果"无诏夺位说"成立，那么雍正皇帝就是打败了众多兄弟之后夺得的皇位，也同样合法。

雍正皇帝登基后，那帮跟他争夺皇位的兄弟没一个有好果子吃，几乎全被圈禁。

九子夺嫡实在太残酷了，雍正皇帝可不想让子孙们步他们兄弟的后尘，于是发明了一个新的传位制度——秘密立储制。

什么是"秘密立储制"呢？就是皇帝悄悄写下继承人的名字，并藏于匣子中，然后放在乾清宫"正大光明"的牌匾后面。等皇帝去世后，大臣们一起打开匣子，宣布由谁来即位。皇子们不知道谁会即位，便不知道跟谁争抢，也就不会骨肉相残了。

所有皇子都有可能中奖！不过，得等我死后才能开奖！

雍正皇帝一生给后人留下两个未解之谜，除了即位之谜，还有死亡之谜。

雍正皇帝的死因有三种说法：第一种，病死。第二种，刺客吕四娘的家人因为文字狱被杀，吕四娘为了报仇杀掉了雍正皇帝。第三种，雍正皇帝痴迷于炼丹，最后吃丹药中毒而死。

雍正皇帝去世后，儿子弘历继承了皇位，是为乾隆皇帝。

乾隆皇帝与康熙皇帝、雍正皇帝一样，都非常爱岗敬业，所以他们祖孙三代创造了大清历史上最繁荣的"**康乾盛世**"。

乾隆皇帝的前半生是个励精图治的明君，后半生却变成了贪图享乐的昏君，以致国家由盛转衰。

你听说过中国历史上大名鼎鼎的贪官和珅吗？他就是乾隆皇帝培养出来的。

乾隆皇帝一死，即位的嘉庆皇帝就把和珅给杀了，还没收了和珅所有的财产。

和珅有多少钱呢？据说在查抄他家时，搜出八亿两白银，相当于大清十五年的财政收入。

嘉庆皇帝虽然扳倒了和珅，但是终究未能从根本上解决贪腐问题，大清从此开始走下坡路。

大清观察室

　　"康乾盛世"是中国封建王朝中最后一个盛世。它从康熙年间到乾隆年间，一共持续了一百三十四年。在康熙皇帝、雍正皇帝、乾隆皇帝三代帝王的努力下，大清王朝达到空前强盛。在此期间，中国人口暴增，最高的时候甚至高达三亿，占世界人口约三分之一。

第二十三章　清朝（五）：列强入侵

就在大清王朝自我感觉良好的时候，英国通过工业革命成为世界头号工业强国。

工业革命把英国带入机器时代。机器干活的速度比手工快多了，所以英国很快生产了大批商品。商品太多，本国用不完，怎么办？卖给外国人。卖给谁呢？英国人盯上了中国人。

英国人不远万里将大批商品运到中国，本来想发一笔横财，没想到却赔了。

为什么会这样呢？因为中国人能够自给自足，而且对英国货不感兴趣。

就在英国货卖不出去的时候，中国的茶叶、丝绸、瓷器等商品在英国乃至整个欧洲都非常抢手。渐渐地，英国人的钱纷纷被装进了中国人的口袋。

正当竞争干不过中国，英国人便向中国走私鸦片。

一时间，很多中国人都变成了大烟鬼，而英国的鸦片贩子却赚得盆满钵满。

长期吸食鸦片会让人变得虚弱不堪，看上去像个病秧子，因此外国人称当时的中国人为"东亚病夫"。

再这样下去，国将不国。于是，钦差大臣林则徐闪亮登场。他一到广东，立刻没收所有鸦片，并在虎门海滩当众销毁，史称"**虎门销烟**"。

禁烟断了英国人的财路，英国政府恼羞成怒，便发动了第一次鸦片战争。

清军的装备跟英军的没有可比性，所以一上来就被英军打得落花流水。

大清打不过英国，只好求和。为了求和，清政府先将林则徐炒鱿鱼，然后跟英国签订了丧权辱国的《南京条约》，不但赔了一大笔钱，还将香港岛割让给了英国。

其他国家见英国在中国捞了不少好处，也想分一杯羹。于是，英、法在俄、美两国的支持下，又发动了第二次鸦片战争。

其间，英法联军攻破北京城，不但将堪称"万园之园"的圆明园洗劫一空，还把圆明园给烧了。

为了求和，清政府又签了一些不平等条约，并且赔了不少钱。

两次鸦片战争让清政府欠了一屁股债。为了捞钱，清政府只好压榨百姓。

就在百姓大为不满的时候，洪秀全带领大伙儿发动了太平天国运动。

太平天国运动是中国历史上规模最大的一次农民起义，曾席卷大半个中国。可惜，领导集团窝里斗，致使太平天国元气大伤。

在洪秀全病逝后不久，太平天国就被清军消灭了。

鸦片战争和太平天国运动让很多人意识到再不富国强兵，大清就要完蛋。于是，洋务派掀起了一场引进西方先进技术的自救运动，史称**"洋务运动"**。

就在清政府进行一系列改革的时候，老邻居日本已经通过"明治维新"全盘西化，并成为亚洲头号工业强国。

日本一变强大就想侵略别人，而第一个遭殃的就是中国。不久，甲午中日战争便爆发了。

在这场战争中，由洋务派打造的号称亚洲第一、世界第九的北洋舰队被日军打败，这意味持续了三十多年的洋务运动彻底失败了。

不久，清政府被迫答应签订中日《马关条约》，向日本赔偿两亿两白银，并将台湾等地割让给日本。

军情大揭秘

　　两次鸦片战争使中国人民背负了巨额赔款，同时也使中国丧失了大片领土，严重损害了中国的独立主权。

第二十四章　清朝（六）：清帝退位

当清政府与日本签订《马关条约》的消息传出后，中国人个个义愤填膺。正在北京参加科举考试的康有为、梁启超等一千三百多名考生组团上书光绪皇帝，反对签订《马关条约》，并请求变法，使国家强大。

光绪皇帝不想做亡国之君，很想有一番作为，便全力支持变法。没过多久，他便下诏在全国实施变法，史称"**戊戌变法**"。

变法虽好，却遇到很多拦路虎，其中最大的拦路虎就是慈禧太后。

慈禧太后为什么不赞同变法呢？因为她不但担心大权旁落，还担心大清王朝会葬送在光绪皇帝手中。所以，她很快便发动政变，囚禁光绪皇帝，大肆捕杀维新派人士，并废除变法。

戊戌变法仅仅维持了一百零三天便失败了，因此又被称为"百日维新"。

百日维新

其间，清政府创办了中国近代第一所国立大学 —— 京师大学堂。

小贴士

虽然戊戌变法失败了，但是京师大学堂却侥幸得以保留下来。后来，它改名为北京大学。没错，京师大学堂就是今天的北京大学的前身。

大清王朝总是被西方列强欺凌，有个叫义和团的民间组织实在看不下去了，便掀起了一场反帝爱国运动。

扶清灭洋，
打倒列强！

不过，义和团运动反倒成了英、美、俄、日、法、德、意、奥八国侵略中国的借口。八国联军打着剿灭义和团的旗号，一路杀向北京。

清军与义和团联手也不是八国联军的对手，八国联军很快便攻陷北京，吓得慈禧太后与光绪皇帝狼狈地逃出了北京。

为了与侵略者议和，慈禧太后在逃跑途中还不忘下令剿杀义和团。义和团运动最终在中外反动势力的镇压下失败了。

不久，清政府与侵略者签订了丧权辱国的《辛丑条约》，并赔偿了四点五亿两白银。从此，清政府沦为西方列强统治中国的工具，而中国

也彻底沦为半殖民地半封建社会。

乖，要听话！

后来，光绪皇帝与慈禧太后相继去世。

由于两人去世前后相差不到二十四小时，有人便怀疑光绪皇帝是被慈禧太后毒死的。

稀奇稀奇真稀奇，太后临终弄皇帝！

那么，光绪皇帝到底是病死的还是被毒死的呢？答案是被毒死的。

小贴士

后来，科学家对光绪皇帝的尸体进行了检测，发现其中含有高浓度的砷元素，而这些砷元素正是来自于砒霜。也就是说，光绪皇帝确实是被毒死的。

　　慈禧太后为什么要毒死光绪皇帝呢？因为她担心自己死后光绪皇帝会重新掌权，进而跟她清算以前的旧账。

　　光绪皇帝去世后，年仅三岁的宣统皇帝溥仪继承了皇位。

　　就在溥仪即位的第三年，辛亥革命爆发了。

　　不久，年仅六岁的溥仪便发布退位诏书，宣布退位，延续了二百七十六年的大清王朝从此灭亡。

独家爆料台

溥仪退位后，依然在紫禁城内以皇帝的身份统治着一个小朝廷，史称"逊清小朝廷"。不过，在十二年后，溥仪及清朝皇室却被赶出了紫禁城，逊清小朝廷从此消失。

中国历史大事年表

公元 908 年，李克用病逝，儿子李存勖即晋王位。

公元 912 年，朱温被儿子朱友珪杀害。

公元 923 年，李存勖称帝，建立后唐，不久灭掉后梁。

公元 926 年，李存勖死于兵变，李嗣源即位。

公元 936 年，石敬瑭灭掉后唐，建立后晋。与此同时，将燕云十六州割让给契丹。

公元 947 年，耶律德光灭掉后晋，占领中原，改国号为大辽。不久，耶律德光被赶出中原。同年，刘知远在太原称帝，建立后汉。

公元 951 年，郭威灭掉后汉，建立后周，并定都开封。

公元 954 年，郭威去世，养子柴荣即位，史称周世宗。

公元 959 年，周世宗去世，年仅七岁的儿子柴宗训即位。

公元 960 年，后周灭亡，宋太祖赵匡胤建立北宋。

公元 975 年，南唐灭亡。

公元 976 年，赵匡胤去世，弟弟赵光义即位，史称宋太宗。

公元 979 年，北汉灭亡，北宋统一天下。

公元 997 年，宋太宗驾崩，儿子赵恒即位，是为宋真宗。

公元 1005 年，北宋与大辽签订"澶渊之盟"。

公元 1069 年，王安石实施变法。

公元 1085 年，宋神宗去世，变法被废除。

公元 1115 年，完颜阿骨打建立金朝。

公元 1125 年，金朝灭掉大辽。

公元 1127 年，宋徽宗、宋钦宗被金人掳走，北宋灭亡。同年，宋高宗赵构称帝，建立南宋。

公元 1142 年，岳飞与儿子岳云被冤杀。

公元 1206 年，成吉思汗建立蒙古政权。

公元 1227 年，成吉思汗去世。

公元 1234 年，金哀宗自杀，金朝灭亡。

公元 1271 年，忽必烈改国号为大元，定都大都。

公元 1276 年，南宋灭亡。

公元 1283 年，文天祥被杀。

公元 1351 年，红巾军起义爆发。

公元 1363 年，陈友谅被朱元璋射杀。

公元 1366 年，韩林儿因翻船淹死于江中。

公元 1367 年，张士诚被俘，自杀。同年，方国珍投降。

公元 1368 年，朱元璋称帝，建立明朝，定都南京。不久，元朝灭亡。

公元 1380 年，胡惟庸被杀，丞相制度被废除。

公元 1390 年，"大明开国第一功臣"李善长被灭族。

公元 1393 年，开国功臣蓝玉被杀。

公元 1398 年，朱元璋去世，皇太孙朱允炆即位，史称建文帝。

公元 1399 年，燕王朱棣发动"靖难之役"。

公元 1402 年，朱棣攻破南京，建文帝不知所终。不久，朱棣称帝，史称明成祖。

公元 1449 年，瓦剌入侵，明英宗被俘，弟弟朱祁钰即位，是为明代宗。

公元 1450 年，瓦剌释放明英宗。

公元 1457 年，明英宗复辟，明代宗去世。

公元 1521 年，明武宗去世，嘉靖皇帝即位。

公元 1542 年，十多名宫女谋杀嘉靖皇帝，失败后被凌迟处死。

公元 1616 年，努尔哈赤建立后金。

公元 1626 年，努尔哈赤去世，第八子皇太极承袭汗位。

公元 1627 年，崇祯皇帝即位。同年，魏忠贤自杀。

公元 1636 年，皇太极称帝，改国号为"大清"。

公元 1643 年，皇太极去世，顺治皇帝即位，由摄政王多尔衮摄政。

公元 1644 年，李自成称帝，建立大顺政权，不久攻破北京城，崇祯皇帝自杀，明朝灭亡。同年，清军入关。

公元 1661 年，顺治皇帝去世，年仅八岁的康熙皇帝即位。

公元 1662 年，郑成功收复台湾。

公元 1673 年，康熙皇帝下令削藩，爆发"三藩之乱"。

公元 1678 年，吴三桂在湖南称帝，建立大周政权。不久，吴三桂去世，孙子吴世璠即位。

公元 1681 年，吴世璠兵败自杀，"三藩之乱"被平定。

公元 1722 年，康熙皇帝去世，雍正皇帝即位。

公元 1735 年，雍正皇帝去世，儿子弘历即位，是为乾隆皇帝。

公元 1796 年，乾隆皇帝传位于嘉庆皇帝。

公元 1839 年，林则徐虎门销烟。

公元 1840 年，第一次鸦片战争爆发。

公元 1842 年，清政府与英国签订《南京条约》，并割让香港岛给英国。

公元 1851 年，洪秀全在金田村发动太平天国运动。

公元 1856 年，第二次鸦片战争爆发。

公元 1864 年，洪秀全病逝，太平天国灭亡。

公元 1875 年，光绪皇帝即位，由慈禧太后、慈安太后垂帘听政。

公元 1881 年，慈安太后去世，大权都掌握在慈禧太后手中。

公元 1894 年，甲午中日战争爆发。

公元 1895 年，清政府与日本签订《马关条约》，并将台湾岛割让给日本。

公元 1898 年，实施戊戌变法。

公元 1900 年，八国联军攻入北京，慈禧太后与光绪皇帝逃往西安。

公元 1901 年，清政府与英、美、法、德、俄、日等十一国签订《辛丑条约》。

公元 1908 年，光绪帝与慈禧太后相继去世，溥仪即位，史称宣统皇帝。

公元 1911 年，辛亥革命爆发。

公元 1912 年，溥仪退位，清朝灭亡。